나는 일연이다

1판 1쇄 인쇄 | 2025년 11월 6일
1판 1쇄 발행 | 2025년 11월 13일

지 은 이 | 이종문
펴 낸 이 | 천봉재
펴 낸 곳 | 일송북

주   소 | 서울시 성북구 성북로 4길 27-19
전   화 | 02-2299-1290~1
팩   스 | 02-2299-1292
이 메 일 | minato3@hanmail.net
홈페이지 | www.ilsongbook.com
등   록 | 1998. 8. 13(제 303-3030000251002006000049호)

ⓒ이종문 2025
ISBN 978-89-5732-358-8(03800)
값 14,800원

중세

한 역사가의 발자취를 따라 걷는 시간 여행

나는 일연이다

이종문 지음

알유북

나는 *일연*이다

기울어진 고대사의 운동장
나 일연이 바로잡고 싶었다

"내가 『삼국사기』를 살펴보니 유교적 합리사관과 모화적 사대사관 등으로 우리 고대사의 운동장이 한쪽으로 크게 기울어져 있음을 알 수 있었다. 나는 이와 같은 고대사의 편향성을 바로 잡기 위해 수십 년에 걸친 각고의 노력을 기울인 끝에 『삼국유사』를 편찬하였다."

- 일연이 독자에게 -

한국을 만든 인물 500인을 선정하면서

일송북은 한국을 만든 인물 5백 명에 관한 책들(5백 권)의 출간을 기획하여 차례대로 펴내고 있습니다. 이는 긍정적이든 부정적이든 우리 역사에 뚜렷한 족적을 남긴 인물들의 시대와 사회를 살아가는 삶을 들여다보고 반성하며, 지금 우리 시대와 각자의 삶을 더욱 바람직하게 이끌기 위해서입니다. 아울러 한국인의 정체성은 무엇인가를 폭넓고 심도 있게 탐구하는, 출판 사상 최고·최대의 한국 대표 인물 콘텐츠의 보고(寶庫)가 될 것입니다.

한국 인물 500인의 제목은 「나는 누구다」로 통일했습니다. '누구'에는 한 인물의 이름이 들어갑니다. 한 인물의 삶과 시대의 정수를 독자 여러분께 인상적·효율적으로 전할 것입니다. 무엇보다 지금 왜 이 인물을 읽어야 하는가에 충분히 답해 나갈 것입니다.

이번 한국 인물 500인 선정을 위해 일송북에서는 역사, 사회, 문화, 정치, 경제, 국방, 언론, 출판 등 각 분야의 전문가들로 선정위원회를 구성했습니다. 선정위원회에서는 단군시대 너머의 신화와 전설쯤으로 전해오는 아득한 상고대부터, 아직도 우리 기억에 생생한 20세기 최근세까지의 인물들과 그 시대들에 정통한 필자를 선정하고 있습니다.

우리는 지금 최첨단 문명시대를 살고 있습니다. 인터넷으로 실시간 글로벌시대를 살고 있으며 인공지능 AI의 급속한 발달로 인간의 정체성마저 흔들리고 있음을 절감하고 있습니다.

이러한 때일수록 인간의, 한국인의 정체성이 더욱 절실히 요구되고 있습니다. 그 정체성은 개인과 나라의 편협한 개인주의나 국수주의는 물론 아닐 것입니다. 보수와

11

진보 성향을 아우르는 한국 인물 500인은 해당 인물의 육성으로 인간 개인의 생생한 정체성은 물론 세계와 첨단 문명시대에서도 끈질기게 이끌어나갈 반만년 한국인의 정체성, 그 본질과 뚝심을 들려줄 것입니다.

차 례

다분히 사적인 이야기가 되겠지만, 대략 중학교 3학년 때부터 나의 장래 희망은 '시인'이 되는 것이었다. 고등학교 1학년 1학기 때는 거기에다 다시 다섯 글자를 더 보태어 '교편을 잡는 시인'이 되기로 마음먹었다. 고등학교 3학년 때는 거기에다 다시 네 글자를 더 보태어, '경주에서 교편을 잡는 시인'이 되는 것으로 내 인생의 최종적인 꿈을 결정하였다. 고등학교 1학년과 3학년 사이에 '경주에서'라는 네 글자를 더 보태게 된 데는 바로 그 무렵에 내 인생에 난데없이 일어났던 두 가지 사건이 거의 절대적인 영향을 미쳤다.

그 가운데 한 사건이 일어난 것은 고등학교 1학년에 재학 중이던 1971년 12월 12일의 일이었다. 그날 나는 주변에 나뒹굴던 일간신문을 무심코 뒤적거리다가 깜짝 놀라서 하마터면 뒤로 넘어갈 뻔했다. 신문에는 경주의 향토사학자 석당 최남주 선생이 운주산에서 『삼국유사』에 등장하는 유서 깊은 절터를 발견했다는 기사가 현장 사진과 함께 박스 기사로 대문짝만하게 실려 있었다. 운주산이라? 운주산은 경북 영천시 임고면과 자양면, 포항시 기계면 사이에 우뚝 솟아 있는 산으로서, 임고면에서 어린 날을 보냈던 내가 날마다 지켜봤던 산이었다. 책보를 메고 학교에 가다가도, 강물에 뛰어들어 목욕을 하다가도, 들판에서 모내기를 하다가도, 문득 고개를 들면 뭉게구름이 뭉게뭉게 피어오르는 운주산이 저 멀리 우뚝 솟아 있었다. 그런데 신문은 바로 그 운주산에 있는 유서 깊은 『삼국유사』의 현장을 영천 사람이 아니라, 경주의 향토사학자 최남주 선생이 발견했다고 보도하고 있었던 것이다.

"아니, 운주산에 있는 『삼국유사』의 현장을 경주의 향토사학자가 발견하다니? 도대체 영천 사람들은 다 뭐 하고 있었어?" 이런 의문이 불쑥 생겼다. 표현이 적절할지는 모르겠지만, 영천 사람으로서 자존심에 크게 상처를 입은 듯한 느낌이 들기도 했다. 그러므로 나는 그해 겨울 방학 때 집에 있던 낡은 자전거를 타고 내가 살고 있던 임고면 지역부터 막무가내 뒤지기 시작했다. 적어도 임고면에 숨어 있는 유적지가 아직도 남아 있다면 내가 죄다 발견할 작정이었고, 급기야 내가 책임지고 발견할 영역을 영천시 전역으로 확대해 나갈 예정이었다. 하지만 발견이 의지와 열정만으로 이루어지는 것은 아니기 때문에, 나는 임고면 전역을 동네마다 뒤지고도 아무것도 발견하지 못했다.

고등학교 3학년 1학기 때 교육부 장관상이 걸린 고전 읽기 운동에 참여하여 『삼국유사』를 읽었던 것도 내 인생을 바꾼 두 가지 사건 가운데 하나였다. 대학 입시를 눈앞에 둔 시점이라 별로 내키지 않았지만, 일단 우리 학교 대표로 뽑히게 되자 학교의 명예를 지키기 위하여 『삼국유사』 등 지정된 책들을 되풀이해 읽었다. 그 결과 정말 뜻밖에도 대구시 대표로 선발되는 기염(?)을 토하면서 경상북도 대회에 출전했지만, 아쉽게도 나의 도전은 거기까지였다.

그러나 그때『삼국유사』를 읽은 감동은 정말 남다른 것이었다. 그러므로 나는 그 해 여름, 입시에 대한 부담이 적지 않았지만,『삼국유사』를 손에 들고『삼국유사』의 현장이 도처에 널려 있는 경주를 찾았다. 경주는 내 고향 영천과 인접한 지역이었기 때문에, 중학교에 다닐 때도 비포장도로가 섞여 있는 80리 길을 자전거를 타고 두어 번 가 본 적이 있었다. 하지만『삼국유사』를 읽고 난 뒤에 경주에 갔을 때, 경주는 그전에 내가 본 경주와는 달리 가슴이 벅차게 두근거리는『삼국유사』의 땅이었다.

그러나『삼국유사』의 현장 가운데서 그 당시까지만 해도 알려지지 않는 곳이 너무나도 많아서 대단히 아쉽기도 했다. 나에게도 저 유명한 '임금님 귀는 당나귀 귀' 설화의 현장인 도림사 대나무 숲에서 막무가내로 외쳐보고 싶은 사연이 있었지만, 그곳이 어딘지 아는 사람을 찾을 수가 없었다. 게다가 향가「제망매가祭亡妹歌」의 작자 월명사月明師가 달밤에 부는 피리 소리에 취해, 하늘의 달도 운행을 멈추었다는 그 몽환적인 설화의 현장을 아는 사람도 만나지 못했다.

나는 바로 그 경주 여행에서 '경주에서 교편을 잡는 시인'이라는 내 인생의 최종적인 목표를 결정하였다. 경주에서 교편을 잡는 시인이 되어 아이들과 함께 서라벌의 산과 들을 뛰어다니며 시를 쓰는 한편, 묻혀 있는『삼국유사』의 현장을 찾아내어 감동적인 안내판을 세우고 싶었다. 한평생 아이들을 뜨겁게 사랑하면서,『삼국유사』와 경주의 유적지를 소재로 한 서너 권의 시집을 간행하고, 몇개의 안내판만 세운다고 하더라도 이 세상에 태어난 보람을 충분히 찾을 수가 있을 것 같았다.

결과적으로 나는 교편도 잡았고 어쩌다가 시인도 되었지만, 경주에서 살고 싶었던 꿈은 끝내 이루지 못했다. 그러나 바로 그런 꿈을 오랫동안 꾼 덕분에 민족의 고전인『삼국유사』를 항상 책상머리에 두고 사는 행운을 누렸다.『삼국유사』에 관한 여러 편의 논문을 발표하기도 하고,『삼국유사』가 완성된 인각사의 모든 것을 담은『인각사 삼국유사의 탄생』(글항아리, 2010)이란 책을 간행하기

도 했다. 『삼국유사』목판 간행사업, 『삼국유사』선초본 교
감사업, 지금까지의 연구 성과를 최대한 담으려고 나름대
로 노력했던 『삼국유사』역주 사업, 『삼국유사』세계기록
유산 등재 추진 사업 등 『삼국유사』에 관한 각종 사업에도
참여하여, 옆에서 조금 거들기도 했다.

그러한 가운데 큰 보람을 느끼기도 했지만, 아쉬운 점
도 없지 않았다. 그 가운데 하나는 『삼국유사』의 저자가
일연이라는 것을 모르는 사람은 거의 없지만, 『삼국유사』
의 저자 일연에 대해 제대로 알고 있는 사람도 거의 없다
는 사실이었다. 이는 누구의 잘못이라고 말하기도 어렵
다. 다방면에 걸쳐 풍부한 내용을 담고 있는 『삼국유사』
와는 달리, 일연의 생애를 자세히 알 수 있는 자료가 별로
없기 때문이다.

물론 일연이 『삼국유사』를 완성하고 세상을 떠난 군
위군 삼국유사면 인각사에 건립된 그의 비석의 앞뒷면에
새겨진 비문이 남아 있기는 하다. 하지만 달랑 비석 하나
에 새겨진 글로 민족사의 거인인 일연의 생애를 입체적으
로 재구성한다는 것은 사실상 불가능하다. 더구나 비문

은 비석의 크기에 따라 글자 수에 근본적인 제약이 있을 수밖에 없기 때문에, 중요한 사건을 중심으로 하여 껑충껑충 건너뛰며 대강 서술할 수밖에 없는 글이라는 점에서 더욱더 그렇다.

그러므로 일연의 비문에는 풀어내기 어려운 수수께끼가 매우 많지만, 비문을 제외하고는 생애의 재구성 자체가 원천적으로 불가능하다. 따라서 여기서는 비문의 문맥을 중심으로 하되 『삼국유사』 등 관련 자료들을 적극적으로 활용하고, 거기다 합리적인 추정을 보태면서 일연이 무슨 생각을 하며 어떻게 산 사람인지를 살펴보기로 한다. 그러한 가운데 세상을 떠난 지 700년이 훨씬 넘는 고려시대의 한 승려가 오늘날까지 펄펄 뛰면서 우리 곁에 살아 있는 이유가 무엇인지, 오늘날 우리에게 일연은 어떤 의미를 지닌 인물인지에 대해서도 어느 정도 근사한 해답을 구해 보고자 한다.

뒤에서 다시 언급하겠지만, 일연은 84년의 생애 가운데 무려 64년 동안이나 무시무시한 무인정권 치하에서 살았다. 그리고 테무진이 몽골제국을 세우고 칭키즈칸이

된 1206년에 태어나서, 무려 53년 동안에 걸친 대몽항쟁기와 원元 간섭기를 온몸으로 겪었다. 그러니까 무신정권 및 몽골과 그 뒤를 계승한 원나라는 일연의 삶을 근본적으로 제약하였던 거대한 족쇄였다. 모쪼록 이 책이 이와 같이 험난한 역사적 조건과 사회적 상황 속에서 고뇌에 찬 삶을 살았던 한 역사적 인간 일연을 이해하는 데 다소라도 도움이 되었으면 참 좋겠다.

이 조그만 책자를 집필하는 데도 채상식 교수를 위시한 많은 학자의 연구 성과에서 크고 작은 도움을 받았고, 그 가운데 중요한 연구 성과나 최근에 새로 제기된 견해에 대해서는 연구자의 이름을 제시하면서 원고를 작성하였다. 하지만 원고지 500매라는 제한된 지면 사정과 누구나 편하게 읽을 수 있는 그야말로 대중적인 서적을 지향한다는 이 시리즈의 집필 방침에 따라, 논문을 쓸 때처럼 사안마다 주석을 꼼꼼하게 다는 방식을 취하지는 못했다. 책의 뒤쪽에 수록되어 있는 참고 문헌을 통해 이러한 결례에 대한 최소한의 예의를 표하려고 노력했지만, 매우 송구스럽다는 말씀을 드리지 않을 수가 없다. 모쪼록 너그러운 마음으로 이해해 주시기를 바란다. 아울러 이 책에 수록된 일연의 효성 등 일부 내용은 나의 책『인각사 삼국유사의 탄생』을 토대로 하여 수정·보완 한 것임을 밝혀둔다.

끝으로 그동안 일연과『삼국유사』에 관해 많은 가르침을 주신 노중국, 주보돈 교수와 여러모로 조언을 해주신 김남형 교수, 변변찮은 원고를 읽어주신 나의 벗 손종훈, 최선경 형에게 감사를 드린다.

1장

입적에서
출가까지

하늘의 별이 하나 툭, 떨어지다

1289년 7월 7일 밤! 일연一然(1206~1289)이 생애의 맨 마지막 5년 동안 머물면서 『삼국유사』를 완성했던 첩첩산 중 인각사麟角寺에 둘레가 한 자나 되는 혜성 하나가 툭, 떨어졌다. 그다음 날인 7월 8일, 일연은 꼭두새벽에 일어 나서 목욕을 하고 주변 사람에게 물었다.

"오늘 내가 이 세상을 떠날까 하는데, 혹시 흉한 날은 아니냐?"

"아닙니다."

"그렇다면 됐다."

일연은 북을 치게 하여 제자들을 법당에 모이게 한 후 제자들과 오랫동안 질의와 응답을 주고받았다. 사랑하는 제자들에게 베푼 마지막 가르침이었다. 주장자拄杖子(설법용 지팡이)를 높이 쳐들었다가 내리치는 소리가 여러 번 울려 퍼졌다. 드디어 가르침을 끝낸 일연은 자신의 방으로 돌아가서 태연자약하게 담소를 나누다가, 금강인金剛印(오른손으로 왼손 둘째 손가락을 감싸 쥐고 가슴에 대는 손 모양)을 맺고 세상을 떠났다.

그 순간 다섯 빛깔의 찬란한 광채가 일연이 거처하는 방의 뒤쪽에서 일어났다. 그 빛은 곧기가 깃대 같았고, 그 꼭대기가 불꽃같이 환하게 밝았다. 그 위에 일산日傘 같은 흰 구름이 떠 있다가 하늘을 향해 날아갔다. 늦더위가 기승을 부리는 날이었는데도 세상을 떠난 일연의 얼굴은 곱고 희었으며, 몸에서는 윤택이 나서 마치 살아 있는 사람처럼 보였다.

일연이 눈을 감고 기가 끊어진 지도 이미 오래 되었을 때다. 한 스님이 너무나도 애달파서 말이 제대로 나오지도 않는 목소리로 다급하게 외쳤다.

"큰일 났습니다. 부도浮屠(덕이 높은 승려의 사리를 모시는 탑)를 세울 자리를 미처 여쭈지 못했는데 스님이 벌써 돌아가셨으니, 이 일을 어이 할꼬? 이 일을 어이 할 꼬?"

주위에 있던 사람들이 모두 이구동성으로 큰일이라고 탄식을 했다. 그러자 이미 세상을 떠난 줄 알았던 일연이 슬그머니 다시 살아나서 주위에 있는 사람들을 둘러보며 이렇게 말했다.

"여기서 동남쪽으로 4~5리를 가면 수풀이 무성한 산 기슭이 일어났다가 엎드린 곳이 있는데, 그 모습이 마치 오래된 무덤 같이 생겼다. 그곳이 명당이니 거기에다 부 도를 세우도록 해라."

말을 마친 일연은 그전처럼 다시 눈을 감았다. 흔들어 보았더니, 이미 이 세상 사람이 아니었다. 승려 생활을 시 작한 지 일흔한 해, 세속의 나이로는 여든넷이었다.

7월 10일, 화장을 하고 신령한 기운이 감도는 사리들 을 수습하여 참선하는 방에다 모셔놓았다. 제자가 역마 를 타고 달려가서 충렬왕에게 일연의 열반을 보고하였더 니, 왕은 깜짝 놀랐다. 일연을 지극히 존경했던 왕은 심 심한 애도를 표하고 장례를 빈틈없이 치르도록 명령하는 한편, 그의 시호를 보각普覺, 부도의 이름을 정조탑靜照塔이라 부르도록 했다. 그해 10월에 일연이 지정한 장소인 대구광역시 군위군 삼국유사면 화북3리 둥둥이 마을 뒷산에다 부도를 세웠다. 파란만장한 수난을 겪은 끝에, 지금은 그가 세상을 떠난 인각사의 뜰로 옮겨져 있는 '보각국사정조지탑普覺國師靜照之塔'이 바로 그것이다.

왕후장상의 씨가 따로 있는가?

일연이 세상을 떠나자 그의 수제자 격인 청분淸玢은 스승의 일생 행적을 기록한 글을 충렬왕에게 올렸다. 충렬왕은 당대를 대표하는 문인이었던 민지閔漬(1248~1326)에게 명령을 내려 청분이 올린 글을 토대로 하여 비문을 짓게 했다. 민지가 몇 년 만에 겨우 비문을 완성하자, 왕은 일연의 제자인 죽허에게 명령을 내려 중국의 명필 중의 명필인 왕희지의 글씨를 모아 비석을 세우도록 지시했다. 죽허는 비문에 나오는 무수한 글자들을 거의 천 년 전에 세상을 떠난 왕희지의 글씨에서 낱낱이 찾아내어 비문의 순서대로 연결했다. 물론 그 가운데 대부분의 글자를 「성교서聖教序」 등 이미 왕희지 글씨를 모아 새긴 중국 비석의 탁본 글씨에서 따오고, 없는 글자들은 이 글씨 저 글씨에서 그 일부를 따와 모자이크처럼 짜깁기를 하는 등 갖가지 방법이 동원되었겠지만, 그 과정 자체가 지극히 어려웠음은 말할 것도 없는 사실이다.

그리하여 마침내 일연이 세상을 떠난 지 6년 뒤인 1295년(충렬왕 21) 8월, 인각사 뜰에 일연의 평생 행적을 담은 비석이 세워졌다. 위대한 서예가 왕희지의 글씨로 위대한 고승의 행적을 더욱 아름답게 장식하려는 지성스러운 마음이 빚어낸 기념비적 조형물이었다. 하지만 지금은 처참하게 깨어진 채 그 일부만 애처롭게 남아 있는 이 비석에 새겨져 있었던 일연의 비문은 이렇게 장엄하게 시작된다.

맑은 쇠거울과 녹슨 쇠붙이는 원래 다 같은 쇳덩어리였다. 흐린 물과 맑은 물도 원래는 다 같은 물이었을 뿐이다. 원래는 같은 것이었는데 나중에 서로 달라지게 된 것은 쇠를 닦았는가 닦지 않았는가, 물을 움직였는가 움직이지 않았는가의 차이 때문에 일어난 일시적인 현상일 따름이다. 여러 부처와 중생의 본성도 이와 마찬가지다. 미혹한 상태로 남아 있는가, 깨달 았는가로 구별될 뿐이니, 어느 누가 '어리석은 이와 지혜로운 이의 씨 자체가 처음부터 따로 있다'고 하겠는가. 지극히 어리 석은 사람이 부처를 바라보면 하늘과 땅의 차이가 있지만, 한 번 마음을 돌이켜서 열심히 수행하다 보면 누구나 부처가 될 수 있다.

"왕후장상의 씨가 따로 있는가?" 노비로 태어나서 노 비 해방을 꿈꾸다가 비참한 최후를 맞이하였던 무신 집 권기의 풍운아 만적의 말로 널리 알려져 있다. 그러나 이 말은 진시황이 이룩한 중국 최초의 통일 왕조 진나라의 폭정에 대항하여 민중 봉기를 일으켰던 진승(?~기원전 208?)이 만적보다 천 년도 더 전에 했던 말이다. 하지만 그게 무슨 상관이랴? 중요한 것은 누가 먼저 한 말이냐가 아니라, 왕후장상의 씨가 따로 없다는 말이 지니고 있는 바로 그 사회적 의미에 있다.

왕후장상의 씨가 따로 없듯이, 부처와 중생의 씨가 애 초부터 구별되어 있는 것도 아니다. 부처가 되는 길로 몸과 마음을 부단하게 움직이다 보면, 누구나 부처가 될 수 있는 것이다. 한마디로 말하여 이 글은 부처가 되는 길 앞에서는 우리 모두가 절대 평등하다는, 모든 존재의 평등성에 대한 감동적인 선언이 아닐 수 없다. 바로 이 존재의 평등성은 『삼국유사』의 밑바닥에 일관되게 흐르는 정신의 원초적 토대이기도 하다. 위의 글에 이어지는 문장에서는 우리 모두가 가지고 있는 절대 평등의 불성佛性을 극도로 발휘하여 부처의 경지에 오른 대표적인 인물로 보각국사 일연을 들고, 다음과 같이 그를 소개하고 있다.

국사의 이름은 견명見明이고, 자字는 회연晦然이다. 뒤에 이름을 일연一然으로 바꾸었다. 속성은 전씨全氏이고 경주 장산군 사람이다. 아버지의 이름은 언필인데, 벼슬을 하지 않았으나 스님 덕분에 좌복야란 벼슬에 추증되었으며, 어머니 이씨는 낙랑군부인에 봉해졌다.

사실을 사실대로 서술한 것으로 보이는 이 대목을 두고도 다른 견해들이 분분하다. 아직도 견명을 일연이 출가하기 전에 사용했던 속명으로 생각하는 경향이 있으나, 견명은 그의 법명이다. 왜 그런가? 우선 '볼 견見' 자와 '밝을 명明' 자로 이루어져 있는 견명이란 이름이 풍기는 범상하지 않은 분위기부터가 속명과는 거리가 멀다. 게다가 『고려사』에는 일연의 이름인 견명이 3번 등장하는데, 모두 '승려 견명'으로 표현되어 있고, 78세(1283년, 충렬왕 9)에 국사에 임명될 때도 "승려 견명을 국사에 임명했다"라고 기록하고 있다. 승려 뒤에 속명을 쓸 리는 없으므로 견명은 법명임이 분명하다. 국사로 임명될 때도 견명이었으므로 견명을 일연으로 바꾼 시기도 국사에 임명된 이후의 어느 시점인 만년의 일임이 거의 확실하다. 그가 인각사에 머무르기 시작한 79세(1284년, 충렬왕 10) 이후에 견명이란 법명이 잘 보이지 않는 대신, 일연이란 법명이 여기저기서 등장하고 있는 것도 바로 그 때문일 것이다.

일연의 속성이 전씨全氏였던가? 그동안 김씨金氏라고 하지 않았나? 그렇다. 그동안 우리 모두가 일연의 속성을 김씨로 잘못 알고 있었다. 일연이나 『삼국유사』에 관한 무수한 글에서 한결같이 '속성은 김씨'라고 소개해 왔

기 때문에, 우리가 그의 속성을 김씨로 아는 것은 너무나
도 당연하다. 그러나 근년에 와서 김병헌에 의하여 일연
의 속성은 김씨가 아니라 전씨임이 밝혀졌다. 일연의 속
성이 전씨인 이유는 아주 간단하다. 그의 속성을 알려주
는 자료는 비문에 나오는 이 대목 하나뿐인데, 거기에 분
명히 '전씨全氏'로 기록되어 있기 때문이다.

전씨로 기록되어 있는데, 왜 김씨로 잘못 알려지게 되
었을까? 비문에 새겨진 왕희지의 글씨가 판독하기 대단
히 어려운 흘림체로 쓰여 있다 보니, 맨 처음 누군가가 '
전全'을 '김金'으로 잘못 판독하는 실수를 저질렀고, 어처
구니없게도 모든 학자가 그 잘못을 그대로 답습하는 바람
에 전씨가 김씨로 둔갑했던 것이다. 그러니 저승에서 이
승의 일을 목을 길게 빼고 지켜보고 계셨을 일연 스님이
얼마나 가슴이 답답했겠는가.

일연이 태어난 경주 장산군은 오늘날의 경북 경산
이다. 하지만 광활한 경산 땅 가운데서 어디쯤이 일연
의 고향인지는 아리송하기 짝이 없다. 경산에서는 원효
(617~686)와 설총(655~?)에다 일연을 합해 경산이 낳은

세 성인으로 기리고 있고, 이 세 성인이 태어난 산이라 하여 삼성산三聖山으로 불리는 산도 있다. 그러므로 '삼성산 자락 어디쯤에서 고고한 울음소리를 터뜨리면서 일연이 태어났겠지.' 하고 막연하게 추정해볼 따름이다.

일연이 태어난 집안의 상황도 자세히 알 수 없지만, 아마도 대단한 명문가는 아니었을 것이다. 만약 그랬다면 비문에 명망 높은 조상들이 줄줄이 등장했을 텐데, 아버지와 어머니를 제외하고는 조상에 대해 언급한 내용이 전혀 없기 때문이다. 게다가 아버지와 어머니에게도 훗날 국사가 된 아들 일연 덕분에 추증받은 벼슬이 있을 뿐이다. 그러나 그렇다고 하여 일연이 형편없는 집안의 천한 출신도 아니었을 것이다. 그가 나중에 승과僧科에 응시하여 우수한 성적으로 합격한 것을 보면, 한기문이 언급한 대로 일연은 과거 응시 자격이 있었던 지방 향리 출신이었을 가능성이 높다. 비록 대단한 명문가는 아니었지만, 일연은 그 탄생부터가 예사롭지 않았다. 비문에 소개되어 있는 일연의 탄생담은 다음과 같다.

어머니가 집으로 들어온 햇빛이 삼일 밤 동안이나 자신의 배를 비추는 꿈을 꾸었고, 그로 인해 임신하여 1206년(희종 2년) 6월 신유에 일연을 낳았다. 태어나면서부터 재주와 지혜가 빼어난 데다 겉모습이 단정하고 엄숙했다. 콧마루가 우뚝하고 입은 네모꼴이었으며, 소처럼 뚜벅뚜벅 걸었고, 눈초리는 호랑이와 같았다.

"어머니의 꿈에 별똥별이 품에 들어오더니 임신을 했고, 아이를 낳자 오색구름이 땅을 뒤덮었다." 신라의 고승 원효의 탄생담이다. "태어나던 날 저녁에 한 고을 사람들이 동시에 누런 옷을 입은 스님이 자기 집으로 들어오는 꿈을 꾸었다." 송광사가 배출한 16국사 가운데 한 분인 원오 스님의 탄생담이다. 이러한 사례에서 볼 수 있듯이 위대한 인물의 탄생에는 으레 기이한 태몽이 등장하곤 한다. 위대한 인물들 가운데 태어날 때부터 무언가 특별하고 빼어난 면모를 보이지 않은 경우도 찾아보기가 매우 어렵다. 물론 일연의 경우야 태어날 때부터 남달랐다고 믿고 싶지만, 훗날 위대한 인물이 되고 난 뒤에 그럴 법하게 윤색된 경우도 많을 것이다. 그러다 보니 위대한 인물의 전기를 읽다 보면 왕후장상의 씨가 따로 있는 듯한 느낌이 들어서, 마음이 불편해질 때가 있다.

이 대목에서 무엇보다도 중요한 것은 일연이 태어난 해가 1206년이란 사실이다. 왜 그런가? 1206년은 최씨 정권을 수립한 최충헌이 무소불위의 확고한 권력을 장악하고, 나라를 마구 뒤흔들고 있을 때였다. 자신의 의도와는 아무런 상관없이 태어났는데, 태어나서 보니 어처구니없게도 우락부락하고 무도한 무신들이 권력을 제멋대로 휘두르는 고려판 군부독재 시대가 펼쳐지고 있었던 것이다. 그리하여 마침내 일연은 최충헌 → 최이 → 최항 → 최의 → 김준 → 임연 → 임유무로 이어지는 무신정권을 고스란히 겪을 수밖에 없었다. 무신정권이 완전히 몰락한 때가 1270년이었으니, 무신정권은 무려 64년 동안이나 일연의 삶을 크게 제약하였던 족쇄의 역할을 톡톡하게 했던 것이다.

일연이 태어난 1206년은 테무진이 몽골의 여러 부족을 통일하여 몽골제국을 세우고 칭기즈칸이 된 해이기도 하다. 세계 제국 건설이라는 야망을 이루기 위한 노력의 하나로 모두 여섯 차례에 걸쳐 고려에 침입한 몽골군은 무려 28년 동안 전국을 이리저리 휘젓고 다니면서, 국토를 쑥대밭으로 만들고 백성들의 삶을 도탄에 빠뜨렸다. 무신정권의 몰락과 함께 몽골과 강화가 이루어졌으나, 안타깝게도 강화와 동시에 원 간섭기가 시작되었다. 그러니까 몽골과 그 뒤를 계승한 원은 일연의 삶을 끝까지 제약하였던 또 하나의 거대한 족쇄였으며, 『삼국유사』는 바로 이러한 역사적 조건과 시대적 상황의 산물이었다.

아니, 삼국시대의 역사를 기록한 『삼국유사』가 몽골이나 원과 도대체 무슨 상관이 있느냐고? 만약 그것이 궁금하다면, 일연이 왜 단군신화가 담긴 「고조선古朝鮮」 조를 『삼국유사』의 첫머리에 내세웠는지를 생각해보면 답이 저절로 튀어나온다. 일연은 왜 단군신화를 『삼국유사』의 첫머리에 놓았을까? 이를 이해하기 위해서는 약간의 우회적인 설명이 필요할 것 같다.

다 알다시피 각각 건국 시조를 달리하면서 분열되어 있었던 삼국을 통일한 나라는 신라였다. 하지만 신라의 삼국 통일은 표면적으로 이루어진 물리적 통일이었을 뿐 정신적으로 하나가 된 진정한 의미의 화학적 통일은 아니었다. 그러므로 백제와 고구려의 후예들은 의식적이든 무의식적이든 자신이 통일신라의 백성이기 전에 백제 혹은 고구려의 유민이란 생각을 하고 있었던 것이 사실이다. 통일신라 말기에 견훤과 궁예가 백제와 고구려의 부흥을 표방하면서 후백제, 또는 후고구려라는 국호를 내세운 것도 바로 해당 지역주민들의 그러한 정서를 정치적으로 이용한 것이라고 볼 수 있다. 그 후 고려가 후고구려와 후백제, 신라를 멸망시키고 후삼국을 통일했지만, 고려의 통일도 물리적인 통일이었지 화학적인 통일은 아니었으므로 지역마다 유민의식으로 분열되어 있었다. 무신집권기에 각각 신라 부흥과 고구려 부흥, 백제의 부흥을 기치로 내건 반란이 일어났던 것도 그와 같은 사정을 반영하고 있음은 말할 것도 없다.

그러나 어마어마한 군사력을 지닌 몽골이 우악스럽게 들이닥쳐 나라 전체가 풍전등화風前燈火의 총체적 위기를 맞게 되자 뭉치지 않으면 모두 죽게 되어 있었고, 따라

서 전 백성의 대동단결이 그 어느 때보다도 절실하게 필
요하였다. 바로 이러한 시점에서 일연은 분열의 시대에
는 별 관심을 끌지 못했던 단군신화의 가치를 재발견하여
우리 모두의 원초적 시조로 내세웠으며, 그것이 바로 우
리 겨레가 단군의 피를 이은 단일민족이라는 인식의 출발
점이 되었던 것이다. 이렇게 볼 때 『삼국유사』의 첫머리에
단군이 등장하게 된 배경에는 우락부락한 몽골의 침략이
있었으니, 이 하나만으로도 『삼국유사』와 몽골의 관계를
알고도 남음이 있을 게다.

멀어도 너무 먼 출가의 길

　　자갈밭에 떨어진 럭비공처럼 이야기가 잠시 엉뚱한 데로 튀었지만, 일연의 탄생담 뒤에 등장하는 것은 그의 출가에 대한 기록이다. 일연의 탄생담은 후대에 윤색되었을 가능성도 있지만, 출가에 대한 기록은 기본적으로 사실을 사실대로 기록한 팩트일 게다.

　　어려서부터 속세를 벗어날 뜻이 있어서, 나이 겨우 아홉 살(1214, 고종 1년)에 해양海陽 무량사無量寺에 가서 의지하며 비로소 학문의 길로 나아갔는데, 총명하고 영리함이 다른 사람들보다 빼어났다. 때때로 단정하게 앉아서 밤을 지새우니, 사람들이 기이하게 여겼다. 1219년(고종 6년, 14세) 진전陳田

장로長老(덕이 높은 스님) 대웅大雄에게 머리를 깎고 스님이 되어 구족계具足戒(출가한 승려가 지켜야 할 계율)를 받았다.

아니, 겨우 아홉 살의 어린 나이에 절에 가서 공부를 했다고? 이와 같은 의문에 대해서는 다음 글이 답이 될지도 모르겠다.

불행하게도 의종 말년(1170)에 무신들이 반란을 일으켜 선악을 구별하지도 않고 문신들을 모조리 죽였습니다. 겨우 범의 아가리에서 벗어나 죽음을 면한 문신들은 깊은 산속으로 도망가서, 선비의 옷 대신 승려의 옷을 입고 남은 생애를 보냈습니다. 신준神駿, 오생悟生 같은 사람들이 바로 그들입니다. 그 뒤에 국가에서 차츰 문화 정책을 펼치자, 선비들이 비록 학문을 배우고 싶어도 배울 곳이 없었기 때문에, 부득이 승려의 옷을 입고 깊은 산중에 도망가 있는 이들을 찾아가 배우지 않을 수가 없었습니다.

고려 말의 학자 이제현(1288~1367)의 『역옹패설櫟翁稗說』에 나오는 이야기다. 『고려사』 「민적(1270~1336) 열전」에 "어릴 때 절에 가서 승려에게 글을 익히는 것은 당시 나라의 풍습이었다"라고 기록되어 있는데, 이제현의 말과 같은 맥락에서 이해된다. 실제로 민적도 열 살의 어린 나이에 절에 가서 배웠다고 하며. 일연과 거의 같은 시대를 살았던 『제왕운기帝王韻紀』의 저자 이승휴(1224~1300)도 다음과 같이 기록한 바 있다.

나는 아홉 살 때부터 이미 책을 읽을 줄 알았다. 그로부터 3년 뒤에 희종의 셋째 아들(『고려사』에는 넷째 아들로 기록되어 있음)인 원정국사 경지의 거처에 가서 의탁하였다. 국사는 세상의 유명한 유학자인 신서라는 사람을 맞이하여 『좌전』과 『주역』을 가르치게 했다.

자세한 사연은 알 수 없으나, 아홉 살에 절에 가서 공부를 한 일연의 경우도 대체로 이들과 유사한 사례였을 가능성이 높다. 아마도 그는 그 무렵부터 무량사에서 기초적인 한문을 배워 불교와 유교의 기본적인 경전을 익히면서, 문학적 역량과 학문적 역량을 축적해 나가고 있었을 것이다. 그런데 일연이 겨우 아홉 살에 찾아갔다는 해양 무량사는 어디에 있는 절일까? 잘 모르겠다. 학계에서는 대체로 전라도 광주의 고려 때 이름이 해양이고, 광주 무등산에 무량사란 절이 있었다는 『신증동국여지승람』의 기록을 근거로 하여, 해양을 광주로 보고 있다. 하지만 겨우 아홉 살 난 어린아이가 경북 경산에서 걸어가기에는 광주는 멀어도 너무 멀다. 당시의 불편했던 교통 사정을 생각해보면 더욱더 그렇다. 경산 주변에 다른 절도 많이 있었을 텐데, 도대체 무슨 사연으로 그 머나먼 광주까지 걸어갔단 말인가? 경남 남해의 옛 이름도 해양이므로, 여기서 말하는 해양을 거리가 조금 더 가까운 남해로 보는 견해도 있다. 훗날 일연이 남해 정림사에 주석한 것을 어린 날의 남해 체험과 연결시켜 상상하는 학자들도 있는 것 같다. 하지만 남해를 해양이라 부르기 시작한 것은 조선조 태종 때인데, 고려 사람인 일연이 어떻게 조선조의 해양 땅으로 공부하러 갈 수가 있겠는가. 좌우간 거리가 멀어도 너무 멀다는 이유로 인하여 더 가까운 곳에서 해양을 찾다 보니, 경남 밀양이나 경산과 인접한 경북 영천으로 추정하는 견해도 생겨났지만, 해양이 어디인지에 대해서는 아직도 설왕설래를 계속하고 있다.

하지만 거리가 멀다 하더라도 해양은 전라도 광주로 보는 것이 타당할 것 같다. 왜 그런가? 우선 전라도 광주가 고려 후기에 해양으로 불렸음을 보여주는 사례는『고려사』,『고려사절요』와 당시 금석문 등에서 두루 발견되지만, 고려 후기에 밀양이나 영천이 해양으로 불렸음을 보여주는 직접적인 사례가 없다. 더욱 확실한 증거도 있다.『삼국유사』「문무왕 법민法敏」조에 오늘날의 광주를 가리키는 무진주武珍州란 지명이 등장하는데, 그 무진주에 달린 다음과 같은 주석이 바로 그것이다.

"무진주는 지금의 해양이다."

이 주석을 단 사람이 일연이므로 일연이 살던 시대의 해양은 바로 무진주, 그러니까 오늘날의 광주다. 이와 같은 사실을 종합해볼 때 일연이 아홉 살 때 찾아갔다는 해양 무량사는 광주의 무량사로 보아도 무방할 것이다.

일연이 열네 살 때 찾아가서 머리를 깎고 스님이 되었다는 진전장로 대웅도 아리송하기는 마찬가지다. 진전장로 대웅은 강원도 양양의 설악산에 있는 진전사陳田寺의 장로 대웅 스님이라고 보는 것이 학계의 대세다. 진전사는 신라 말·고려 초에 성립된 선종 계열의 구산선문九山禪門(아홉 개의 산을 중심으로 성립된 승려 집단) 가운데 하나인 가지산문迦智山門의 시조 도의道義가 머물렀던 절이었다. 현재 국보로 지정된 아름다운 3층 석탑과 보물로 지정된 특이한 양식의 부도가 남아 있는데, 그 부도는 도의의 사리를 모신 것으로 추정되고 있다. 그렇기 때문에 일연이 일생 자신이 속한 가지산문의 시조인 도의의 넋이 어린 진전사를 선택하여 찾아간 것이라는 설명도 흔히 볼 수 있다. 하지만 일연이 아무리 비상한 천재라고 하더라도 열네 살에 불과한 어린아이가 그런 것을 따질 만큼 머리가 굵고 여물었을까? 그리고 진전사가 있는 양양은 무량사가 있는 해양보다도 더 멀리 느껴진다. 그러므로 진전은 절 이름이 아니라 아마도 무량사에 계신 스님의 법호이고, 대웅은 그 스님의 법명일 것이라는 견해도 있다.

그러나 일연 비문의 앞면에 운문사에 살았던 화상和尚(학덕이 높은 승려) 일연을 '운문화상'이라 표현한 바 있고, 그 뒷면에는 인각사에 사는 장로를 '인각장로'로 표현한 사례도 있다. 따라서 같은 비문에 나오는 진전장로도 진전사의 장로로 보는 것이 자연스럽다. 게다가 일연이 편찬한 『삼국유사』에는 자신이 머무르던 지역이나 그 주변에 관한 이야기가 높은 비중을 차지하고 있는데, 진전사와 엎어지면 코 닿을 거리에 있는 낙산사, 진전사와 그리 멀지 않은 곳에 있는 오대산에 관한 기록들이 유난히도 많다. 그쪽 지역과 무슨 연고가 있었을 가능성을 시사하고 있는 대목이다. 고려 말의 학자 이제현이 가지산문의 시조인 도의의 법맥을 이은 대표적 고승으로 운문사의 학일學—과 인각사의 견명見明, 즉 일연을 들고 있는 것도 눈길을 끄는 대목이다. 이러한 사실을 종합해 볼 때 진전장로 대웅은 설악산 진전사의 장로 대웅 스님으로 보는 것이 옳을 것 같다.

2장

비슬산에서
다시 비슬산까지

비슬산에 머무르다

　일연의 비문에 따르면 진전장로 대웅에게 머리를 깎고 승려가 된 그는 여기저기 참선방을 돌아다니면서 명성을 떨쳤다고 한다. 그가 기본적으로 선종 계열에 속하는 선사였음을 다시 한번 보여주는 대목이다. 1227년(고종 14년, 22세))에는 승과에 응시하여 최상의 등급인 상상과上上科에 합격하기도 했다. 그 후에 그의 발걸음이 닿은 곳은 어디였을까? 이에 대하여 비문은 이렇게 대답하고 있다.

　그 뒤 포산包山의 보당암寶幢庵에 주석하면서 마음을 참선에 두었다. 서른한 살(1236, 고종 23년) 나던 해 가을에 전쟁이 일어났으므로 다른 곳으로 난을 피하기 위해 문수보살의 다섯 자(아阿·라囉·바跛·사捨·나那)로 이루어진 주문을 외우며 감응이 있기를 기다렸다. 그런데 홀연히 벽 사이에서 문수보살이 몸을 드러내어 "무주암無住庵이 북쪽에 있다."라고 말했다. 그다음 해 여름(1237, 고종 24년, 32세)에 다시 이 산의 묘문암妙門庵에 머물렀는데, 묘문암의 북쪽에 무주암이라는 암자가 있었다. 이에 스님이 지난날 문수보살의 계시를 상기하고 무주암에서 머물렀다.

보다시피 일연이 승과에 합격한 후 처음 머물렀던 곳은 포산의 보당암인데, 여기서 말하는 포산은 대구광역시와 경북 청도, 경남 창녕의 경계를 이루는 비슬산(1084m)의 별칭이다. 일연은 왜 하필 비슬산을 찾아갔을까? 우선 비슬산은 일연의 고향인 경산에서 새벽밥을 먹고 급히 서두르면 하루 만에 갈 수 있을 정도로 가까운 곳에 자리 잡고 있다. 일연이 태어났다는 삼성산도 백두대간의 낙동정맥에서 갈라진 비슬지맥에 속해 있기 때문에, 정감적 거리는 물리적 거리보다 훨씬 더 가까울 수도 있다.

당시 비슬산을 중심으로 하여 크고 작은 절이 널려 있었다는 것도 고려 사항이 되었을 것이다. 『삼국유사』에 등장하는 절만 하더라도 옥천사(玉泉寺: 현재 용천사湧泉寺의 옛날 이름), 도선사, 도성사 등이 있고, 유가사, 대견사, 소재사, 용연사, 인흥사 등 크고 작은 절들이 수두룩했다. 게다가 지역 지리서인 『금성지錦城誌』에는 "예로부터 비슬산에 팔만 아홉 개의 암자가 있다고 전해온다"라고 기록되어 있다.

"강원도 금강산 일만 이천 봉 팔만 구 암자 유점사 법당 뒤에….".

정선 아리랑의 가사 가운데 한 대목이다. 보다시피 금강산에도 팔만 아홉 개의 암자가 있었다고 하니, 팔만 아홉이란 숫자는 상징성이 짙은 수사적 과장에 불과할 것이다. 하지만 그만큼 암자가 많았고 불교가 성했다는 뜻으로 이해하는 데는 아무런 무리가 없을 것 같다.

그러나 일연이 비슬산을 주목했던 가장 큰 이유는 여러 학자가 언급한 것처럼 비슬산에 다채로운 불교 신앙이 융성했기 때문이었을 것이다. 우선 『삼국유사』「의상전

교義相傳教」조에는 의상대사가 창건했다는 화엄종의 열 개 사찰에 관한 기록이 수록되어 있는데, 바로 그 가운데 비슬산 옥천사가 포함되어 있다. 그러니까 비슬산은 초창기 우리나라 화엄華嚴 불교의 성지 가운데 하나였던 것이다. 게다가『삼국유사』의「포산이성包山二聖」조에 비교적 자세하게 소개되어 있듯이, 비슬산은 정토신앙淨土信仰이 매우 성행했던 곳이기도 하다. 현재의 몸으로 성불하여 서방 정토로 날아갔던 도성道成과 관기觀機의 수도처였고, 그들의 사상을 계승한 7명의 성사聖師가 탄생한 곳이기도 했다.『삼국유사』에 성사라고 표현한 사례가 더러 있기는 하지만, 비슬산에서 태어난 성사는 관기와 도성을 합하여 무려 아홉 분이나 된다. 그 가운데 한 분인 성범成梵은 고려 전기에 도성의 수도처 부근에 세운 도성사에서 만일미타도량萬日彌陀道場(만일 동안 아미타불을 염불하며 극락왕생을 기원하는 법회)을 열어, 무려 50여 년 동안 신앙 운동을 전개했다. 당시 도성사에는 지역 신도들의 신앙 결사체가 구성되어 있기도 했다.

진각국사 혜심의 문하에서 수학한 바 있는 천태종

백련결사白蓮結社의 2세 사주社主 정명국사 천인(120
5~1248)도 일연과 비슷한 시기에 비슬산에서 수행하
고 있었다. 일연 다음으로 국사에 임명된 홍진국사 혜
영(1228~1294), 그리고 자정국사 미수(1240~1327)도 국
사가 되기 전에 유가종의 중심 사찰인 비슬산 유가사에
주석하면서 수행했던 기록이 남아 있다. 게다가 비슬산
의 산신 정성천왕은 일찍이 가섭불(석가 이전에 나타난
과거 일곱 부처 가운데 한 분)의 부탁을 받고 이 산에서
1,000명의 출가자가 나오기를 기다리는 존재로 인식되고
있었다. 이렇게 볼 때 비슬산은 고려시대의 불교 신앙을
대표하는 성산聖山 가운데 하나였다고 생각되며, 따라서
부처가 되기를 꿈꾸면서 정진·수도하는 사람들에게는 무
척 매력적인 공간이었을 것이다.

　일연은 바로 이 매력적인 공간인 비슬산의 보당암에
서 참선에 몰두하며 푸른 피가 펄펄 끓는 젊은 날을 보내
고 있었다. 그러나 당시의 시대적 상황은 일연이 참선이
나 하면서 조용히 지내도록 내버려 두지 않았다. 앞에서
도 이미 언급한 것처럼 지구촌을 쑥대밭으로 만들면서

정복 전쟁을 벌이고 있었던 몽골의 침략군들이 1231년부터 1259년까지 모두 여섯 차례에 걸쳐 무려 28년 동안 고려에 게릴라처럼 시도 때도 없이 밀어닥쳤기 때문이다.

여섯 번에 걸친 몽골의 침입 가운데 일연의 생애와 직접적으로 관련된 것은 1234년부터 1239년까지 무려 5년 동안 진행된 제3차 침략인데, 몽골의 제3차 침략은 대단히 특이한 형태로 전개되었다. 보통 침략하는 외적의 최종적인 공격 목표는 도성이고, 도성과 궁궐을 함락하여 왕의 항복을 받으면 그것이 바로 승리의 보증수표였다. 그런데 몽골의 3차 침입 때는 도성이 아니라 아무 데나 불쑥불쑥 나타나서 느닷없는 공격을 퍼부었으므로 나라 전체가 전쟁터라 해도 과언이 아니었다. 몽골의 기마병들은 전쟁의 승패와 아무런 상관이 없는 곳까지 느닷없이 나타나 마구 유린하고 다녔다. 먼 후방 지역인 경주에 있었던 호국의 상징 황룡사가 불바다가 되었던 것도 3차 침략의 막바지였던 1238년 11월 10일에 있었던 일이다. 전국 도처에서 피비린내 나는 공방전이 벌어졌고, 고려의 민중은 전력상의 열세에도 불구하고 용감무쌍하게 싸워 놀라운 승리를 거두기도 했다. 하지만 이 기나긴 전쟁 통에 전 국토가 초토화되고 전 백성이 도탄에 빠질 수밖에 없었다. 한마디로 말하여 몽골군은 잔인무도하게 전국을 휘젓고 다니면서, 강화도로 천도한 고려 조정을 향해 이래도 항복하지 않을 거냐고 묻고 있었던 것이다.

3차 침략이 이런 방식으로 전개되다 보니, 일연이 주석하고 있던 비슬산 지역도 결코 안심할 수 있는 지역이 아니었던 모양이다. 그가 보당암에 머무른 지 10년째 되던 해인 1236년의 가을, 전쟁의 공포가 비슬산 정상에 있었다는 보당암까지 왈칵 밀어닥쳤다. 1236년에는 몽골군이 경상도 지역에는 쳐들어오지 않았다는 것이 학계의 통설로 되어 있는데, 어쩌면 일연 비의 이 기록이 그것이 아니라는 것을 입증하는 증거가 되지 않을까 싶기도 하다. 당시 몽골군이 경상도에 쳐들어오지 않았다면, 경상도의 중앙에 위치한 비슬산 정상에 있었던 일연이 피난을 생각할 정도로 공포를 느꼈을 리는 없기 때문이다. 아무튼 일연은 그해에 전쟁의 위험을 피해 잠시 비슬산을 벗어났다가, 그다음 해에 다시 비슬산으로 돌아와서 묘문암과 무주암에서 살았던 것 같다.

　그런데 가만? 1236년이라면 고려와 몽골이 도처에서 피비린내 나는 전투를 벌이고 있었고, 불력으로 몽골을 물리치기 위하여 팔만대장경을 조판하기 시작했던, 다급하기 짝이 없던 해가 아니던가. 이러한 상황 속에서 일연이 몽골군의 침략에 적극적으로 대응했다는 흔적을 찾아보기는 어렵다. 비문대로라면 그 무렵 일연은 목숨을 건 항쟁은커녕 전쟁의 공포로부터 생명을 보존하기 위해 숨을 곳을 찾아다녔던 것 같다. 하기야 피할 수 있으면 어떻게든 전쟁을 피하려고 하는 것이 죽음을 싫어하는 인간의 원초적인 본능이니, 지나치게 나무랄 일이 아닐지도 모르겠다. 그리고 그때 만약 일연이 몽골군과 용감무쌍하게 싸우다가 어떻게 되기라도 했다면, 정말 큰일이 날 뻔했다. 그렇게 되었다면『삼국유사』라는 민족의 고전이 태어날 수가 없었을 테니까. 몽골군의 침입에 대응하는 일연의 행동방식에 다소 섭섭한 점이 있더라도 한 번쯤 눈 감아주지 않으면 안 될 이유가 바로 여기에 있다. 게다가 일연이 깨달음을 얻었던 것도 몽골과의 전쟁의 소용돌이 속에서 일어난 일이 아니었던가.

그때 항상 "중생의 세계가 줄어들지도 않고 부처의 세계가 불어나지도 않는다"라는 말을 화두話頭로 삼아 몰입했는데, 홀연히 어느 날 환하게 깨치고 사람들에게 이렇게 말했다. "나는 오늘에야 비로소 삼계三界가 환몽과 같음을 알았고, 대지大地에 가는 털끝만큼의 막힘도 없음을 알았다."

휘몰아치는 전쟁의 공포 속에, 무주암에서 숙연하게 가부좌를 틀고 참선에 들어간 일연은 "중생의 세계가 줄어들지도 않고 부처의 세계가 불어나지도 않는다."라는 화두를 던졌다. 결국 불가에서 흔히 말하는 '부처와 중생이 둘이 아니라'는 명제를 화두로 하여 정진했다는 점에서, 그는 화두를 들고 깨달음을 추구하는 간화선看話禪 계열의 선승이었음을 짐작할 수 있다.

"나는 오늘에야 비로소 삼계가 환몽과 같음을 알았고, 대지에 가는 털끝만큼의 막힘도 없음을 알았다."

용맹정진을 거듭한 끝에 마침내 깨달음의 문을 활짝

열어젖힌 일연이 가부좌를 풀며 내뱉은 말이다. 오랫동안 꽉 막혀 있던 답답함이 일시에 확 뚫렸을 때, 그의 뇌리에는 난데없이 천둥이 쾅쾅 울고 번개가 번쩍 내리쳤을 것이다. 유쾌, 상쾌의 정도를 넘어서 통쾌, 호쾌, 흔쾌를 합친 벅찬 희열로 환호작약하는 일연의 모습이 눈에 선하게 떠오른다. 깨달음을 얻었다는 소문이 조정에까지 알려졌을까? 일연이 깊은 산속에서 수도하고 있어도 불교계 내에서의 위상은 점점 높아져서 삼중대사(1237, 고종 24년, 32세), 선사(1246년, 고종 33년, 41세)의 직위에 오르기도 했다.

그 후 일연은 마흔네 살 때인 1249년(고종 36년) 비슬산을 떠날 때까지 대략 22년 동안 참선을 위주로 하면서도, 금붕어가 물을 마시듯이 비슬산의 다양한 불교 신앙을 다채롭게 흡수했던 것으로 생각된다. "다른 곳으로 난을 피하기 위해 문수보살의 주문을 외웠다"라는 구절에서 볼 수 있는 밀교密教 성향의 문수신앙은 그 단적인 사례의 하나다. 이렇게 볼 때 비슬산은 젊은 날의 일연이 오래도록 머물며 자신의 사상적·신앙적 토대를 확립해 나갔던 곳이라는 점에서, 그의 생애에서 매우 중요한 의미를 지녔던 아주 특별한 공간이었다고 말할 수 있다.

그러나 비슬산은 무엇보다도 줄잡아 반세기에 걸친『삼국유사』편찬을 향한 기나긴 여정의 출발점이라는 점에서 크게 주목된다.『삼국유사』에 수록된 수많은 항목 가운데서 일연이 최초로 기록한 항목이 무엇인지 현재로서는 정확하게 알 수가 없다. 학계의 일각에서는『삼국유사』탑상 편塔像篇에 수록된「낙산이대성洛山二大聖 관음觀音 정취正趣 조신調信」조의 현장인 낙산사가 열네 살 때부터 스물두 살 때까지 일연이 머무르던 중심 사찰인 진전사의 지척에 있다는 점에서, 이 조목이 그 무렵에 채록된 최초의 기록일 것으로 보기도 한다. 일연이 진전사를 떠난 후에 진전사에 다시 간 적이 한 번도 없었다면, 그런 추측도 얼마든지 가능하다. 하지만 평생을 길 위에서 살았던 일연이 과연 자신이 젊은 날을 보냈던, 그리고 자신이 속한 가지산문의 원초적 고향이나 다름 없는 진전사에 다시 간 적이 단 한 번도 없었을까? 물론 그럴 수도 있겠지만, 아마 그렇지는 않을 것 같다.

그렇다면 구체적으로 확인할 수 있는 최초의 기록은 무엇일까? 결론부터 먼저 말을 한다면 호국의 상징인 황룡사에 대한 기록들이 그것이다. 탑상 편의 첫머리를 장식하고 있는 「가섭불 연좌석宴坐石」 조에서 그 근거를 찾을 수 있다. 설명의 편의를 위하여 다소 번거롭지만 필요한 부분을 발췌하여 인용하면 다음과 같다.

① 가섭불의 연좌석(참선하던 돌)은 불전佛殿 뒷면에 있다. 나는 일찍이 한 번 그곳에 참배한 적이 있었는데, 그 돌은 높이가 5~6자, 둘레가 세 아름에 이르렀으며, 우뚝 솟아 있으면서도 윗부분은 평평하였다. 진흥왕이 절을 창건한 이래 두 번이나 화재를 겪었기 때문에 연좌석에 갈라진 곳이 있었으므로 절의 스님이 쇠를 붙여서 보호하고 있다.

② 찬讚(찬양하는 시)을 지은 것이 있는데 그 내용은 이렇다. "지혜의 해가 가라앉은 지 몇 년이나 되었던가.惠日沈輝不記年 / 오직 연좌석만 의연하게 남았구나.唯餘宴坐石依然 / 뽕나무밭 몇 번이나 바다가 되었건만桑田幾度成滄海 / 대단

쿠나, 아직도 우뚝하게 그대롤세.可惜巍然尙未遷"

③ 그 뒤 서산西山의 큰 병란(몽골의 침략을 말함)이 일
어난 후에 황룡사의 전각들과 탑이 소실되어버렸고(1238년),
연좌석도 또한 평평하게 묻혀버려 겨우 땅과 같은 높이가 되
어 버렸다...

④ 석가여래로부터 지원至元 18년 신사년辛巳年(1281
년)인 '지금'에 이르기까지 이미 2230년이 되었다.

"일찍이 한번 참배한 적이 있다."라고 말하고 있으므
로 일연은 이 글을 쓰는 시점에 두 번째로 가섭불 연좌석
을 참배했음이 확실하다. 보다시피 일연이 연좌석을 처
음 참배한 것은 몽골군의 방화로 황룡사가 전소된 1238
년 이전, 그러니까 일연의 나이 33세 이전의 일이었다. 일
연이 두 번째로 연좌석을 참배한 것은 황룡사가 전소된
1238년 이후의 일이었다. ①은 전소되기 이전의 연좌석
의 상황에 대한 기록인데, 연좌석의 위치와 높이, 둘레와

모양, 당시 연좌석의 상태와 그러한 상태를 초래한 이유 등 상당히 구체적인 내용을 담고 있다. 이어지는 ②에 등장하는 연좌석에 대한 찬을 쓴 시기도 황룡사가 소실되었던 1238년 이전이다. 연좌석이 "아직도 우뚝하게 그대로" 서 있다는 표현에서 이 점이 단적으로 드러난다. 왜냐하면 ③에서 보다시피 황룡사가 소실된 후의 연좌석은 평평하게 묻혀 땅과 같은 높이가 되어 버렸으니까.

그럼 「가섭불 연좌석」 조가 지금 상태로 마무리된 것은 언제일까? ④에서 보다시피 그것은 1281년, 그러니까 일연의 나이 76세 때의 일이었다. 비문에 따르면 그해 일연은 충렬왕의 부름을 받고 경주에 간 적이 있었다고 하는데, 그때 폐허가 된 황룡사와 연좌석을 다시 참배했을 것이다. 그러니까 일연은 정말 놀랍게도 33세 이전의 기록과 찬을 최소한 43년 동안이나 소중하게 간직하고 있다가, 76세 때 「가섭불 연좌석」 조를 현재의 상태대로 최종적으로 정리하면서 귀중하게 활용하고 있는 것이다.

그런데 일연이 황룡사의 가섭불 연좌석을 처음 참배한 것이 33세 이전이라면, 그때 그는 어디에서 살고 있었을까? 일연이 22세부터 44세까지 머물렀던 곳이 비슬산 임을 고려하면, 당시에 그는 비슬산의 어느 암자에서 살고 있었음이 분명하다. 이렇게 볼 때 「가섭불 연좌석」조는 일연이 아무리 늦어도 비슬산 시절에는 이미 『삼국유사』를 편찬하기 위한 자료 수집과 원고 작성에 착수했음을 분명하게 보여준다고 말할 수 있다. 탑상 편에 나란히 수록된 「황룡사 장육丈六」조와 「황룡사 구층탑」조에도 황룡사가 소실된 1238년 이전 처음 참배할 때의 기록이 포함되어 있다. 그 단적인 증거의 하나가 황룡사 구층탑에 대한 다음과 같은 찬시讚詩다.

鬼拱神扶壓帝京 귀신이 떠받친 탑 서울을 누르나니

輝煌金碧動飛甍 휘황한 단청이 훨훨 나는 용마루를 움직이네

登臨何啻九韓伏 올라 보니 어찌 다만 구한(아홉 오랑캐)만 복종하랴

始覺乾坤特地平 이 천지가 각별히 태평함, 내 비로소 깨닫겠네

보다시피 1238년 몽골군의 방화로 황룡사 전체가 불바다가 되기 이전의 장엄한 황룡사 구층탑을 노래한 것이 분명하다. 그러니까 「황룡사 구층탑」 조도 줄잡아 50년에 걸친 『삼국유사』 편찬의 역사가 일연의 나이 33세 이전인 비슬산 시절에 이미 시작되었음을 알려주고 있는 셈이다. 젊은 시절부터 우리의 역사와 문화에 이토록 관심을 가졌다는 것도 놀라운 일이지만, 수십 년 전에 작성한 원고를 수십 년 동안이나 보관하다가 『삼국유사』에 수록했다는 것도 놀라운 일이 아닐 수 없다. 우리 역사와 문화에 대한 뜨거운 애정이 없었다면 가능하지 않은 일일 것이다.

일연이 아무리 늦어도 비슬산 시절에 이미 『삼국유사』 편찬을 위한 자료 수집에 착수했음을 보여주는 또 다른 증거는 피은 편避隱篇의 「포산이성」 조다.

내가 일찍이 포산(비슬산)에 살면서 두 스님이 남긴 아름다움을 기록해둔 시가 있는데, '지금' 아울러 기록해둔다.

「포산이성」조의 마지막 대목에 수록된 내용이다. 이 글에서 말하는 '지금'은 「포산이성」조를 최종적으로 정리한 만년의 어느 시점으로 추측되고, 정리한 장소는 포산이 아닌 다른 공간이다. "내가 일찍이 포산에 살면서"라는 언표가 지금 있는 곳이 포산이 아님을 단적으로 시사하고 있기 때문이다. 이렇게 볼 때 일연은 과거 어느 시점인 '일찍이' 포산에서 지어놓은 시를 오래도록 간직하고 있다가, '지금' 다른 공간에서 「포산이성」조를 최종적으로 가다듬으면서 활용하고 있음을 확인할 수 있다. 이러한 정황을 고려할 때 일연은 젊은 날 비슬산에 머무르면서 비슬산에 전하고 있는 설화를 취재하여 「포산이성」조의 초고를 작성했다고 보아도 무방할 것이다. 그러나 그렇다고 해서 비슬산이 『삼국유사』의 산실이라는 식의 과도한 주장에 대해서는 분명하게 선을 긋고 싶다. 그럼 이 쯤에서 「포산이성」조에 수록된 이야기 가운데 하나만 읽어보고 넘어가자.

신라 때 관기와 도성이라는 두 사람의 성사가 함께 포산에 숨어 살았는데, 어떤 사람인지 알 수가 없다. 관기는 남쪽 산봉우리에 암자를 짓고 살았고, 도성은 북쪽에 있는 굴속에서 살았다. 서로 떨어진 거리는 10리 정도. 그들은 구름을 헤치고 달을 노래하면서 매양 서로서로 찾아다녔다. 도성이 관기가 그리워지면, 산속의 나무들이 모두 관기가 있는 남쪽을 향해 고개를 숙여 마치 관기를 맞이하는 듯한 몸짓을 했다. 그러므로 관기는 그 나무들의 몸짓을 보고 자신을 그리워하는 도성을 찾아갔다. 관기가 도성을 그리워할 때도 마찬가지로 나무들이 모두 도성이 있는 북쪽을 향하여 고개를 숙였다. 도성은 그걸 보고 관기를 찾아가곤 했는데, 그렇게 지낸 것이 여러 해였다. 도성은 항상 사는 곳의 뒤쪽에 있는 높은 바위 위에서 좌선을 했다. 하루는 바위틈 사이로부터 몸을 뚫고 나와 온몸이 허공으로 솟구쳐 날아가 버렸는데, 간 곳이 어딘지 알지 못했다. 관기 또한 도성의 뒤를 이어 열반에 들었다.

　　보다시피 친구를 그리워하는 마음이 관기와 도성 두 사람 사이의 이심전심을 뛰어넘어 비슬산의 나무들까지 두루 사무쳤다. 교감이라도 보통 교감이 아니라 이른바 범우주적 교감이다. 이만하면 세계 우정사에 한 페이지를 장식하고도 남을 드높은 격조를 지닌 우정이 아닐 수가 없다. 그런데 백아절현伯牙絶絃이나 관포지교管鮑之交 같은 남의 나라 우정은 잘 알고 있으면서도, 그것과는 차원 자체가 다른 관기와 도성의 범우주적 우정을 알고 있는 우리나라 사람은 과연 얼마나 되는가 몰라. 우리 모두가 이구동성으로 『삼국유사』를 민족의 고전이라 칭송하고 있지만, 막상 그 민족의 고전을 처음부터 끝까지 다 읽은 사람은 과연 얼마나 되는가 몰라. 아아, 민족으로부터 소외의 설움을 당하고 있는 민족의 고전 『삼국유사』여!

팔만대장경을 어루만지다

 일연이 대략 22년 동안 머무르던 정든 비슬산을 떠난
것은 44세 때인 1249년 정안(?~1251)의 초청을 받고 남해
정림사定林社의 주지로 부임하면서부터다. 일연의 비문
에서는 이에 대하여 딱 한 줄만 기록되어 있는데, 설명의
편의를 위하여 그다음 대목까지 인용하면 다음과 같다.

 1249년(고종 36년, 44세) 상국 정안鄭晏이 남해의 사삿집
을 희사하여 절로 바꾸어 정림사라 하고 일연을 청하여 주지로
삼았다. 1259년(고종 4년, 54세) 대선사에 올랐다. 1261년(
원종 2년, 56세) 왕명을 받고 서울(몽골 침략기의 임시 수도였
던 강화도의 강도江都를 말함)로 나아가 선월사禪月社에 머

무르면서 개당開堂(주지가 되어 처음 법회를 엶)하고 멀리 목우牧牛화상의 법맥을 계승하였다.

    이 짤막한 글에도 풀기 어려운 수수께끼가 여러 개 포함되어 있다. 첫 번째 수수께끼는 일연이 정림사에 머물렀던 기간이다. 비문의 내용을 액면 그대로 받아들이면 일연이 정림사에 머무른 기간은 정안의 초청을 받고 정림사에 부임한 1249년부터 왕명을 받고 선월사로 떠났던 1261년까지 12년간이다. 그러나 이 글을 액면 그대로 받아들일 수 있는지는 매우 의문스럽다. 앞에서도 이미 언급한 것처럼 비석에 새기는 것을 목적으로 하여 작성되는 비문은 돌의 크기에 따른 글자 수의 제약으로 인하여, 긴요하지 않거나 쓰기에 거북한 내용은 생략하는 경우가 많다. 그러므로 비문에 기록된 사건과 사건 사이의 또 다른 사건이 징검다리 건너뛰듯 생략되어 있을 수도 있는데, 바로 이 12년 사이에 그런 상황이 일어나지 않았을까 생각되기 때문이다. 이 점을 설명하기 위해서는 먼저 일연을 정림사로 초청한 정안의 생애를 살펴보지 않을 수 없다. 고운기가 언급한 것처럼 이 무렵의 일연의 삶은 정안의 삶과 밀접한 관련을 가졌던 것으로 판단되기 때문이다.

정안은 경남 하동 사람이었다. 그의 집안은 최씨 정권 때 돌연 권력의 중심부로 편입되었으며, 할아버지 정세유와 아버지 정숙첨은 정상 궤도를 일탈한 돌출적 방식으로 어마어마한 부를 축적했던 사람들이다. 특히 정안의 아버지 정숙첨은 최씨 정권의 2대 집정자였던 최이의 장인이었으므로 정안은 최이와 처남·매부 사이였다. 『고려사』「정안 열전」에서는 바로 그 정안에 대해서 이렇게 기록하고 있다.

성품이 총명하고 지혜로워서 젊어서 과거에 급제했다. 음양과 산술算術, 의약, 음률音律에 정밀하게 깨치지 않음이 없었다. 진양(경남 진주)의 원님으로 나갔다가 어머니가 늙으셨다는 이유로 사임하고 하동으로 돌아와서 어머니를 봉양하였다. 최이가 그 재주를 아껴 임금에게 아뢰어 국자좨주國子祭酒에 임명하게 했다. 정안은 최이가 권력을 제멋대로 휘두르고 사람들을 시기하는 것을 보고 해침을 당할까 걱정되어 남해로 물러나서 살았다… 물러난 뒤에도 화가 미칠까 두려워서 최이의 외손자를 길러 자신의 아들로 삼음으로써 최이에게 잘 보이려고 노력했다.

위의 글에는 무소불위의 절대적 권력자 최이로부터 언제 화를 당할지 몰라 전전긍긍하는 정안의 모습이 고스란히 포착되어 있다. 보다시피 처남·매부 관계였던 최이와 정안 사이에는 살얼음판을 딛는 것처럼 일촉즉발의 아슬아슬함이 있었다. 최이의 시퍼런 서슬 아래 숨을 죽이며 조심스럽게 살아가고 있던 정안은 일연이 정림사 주지로 부임하던 1249년에 최이가 사망하자 이제 살았다며 한숨을 돌린다.

그러나 여우가 사라지고 나면 느닷없이 호랑이가 나타나는 법! 최씨 정권의 3대 집정자인 최항이 권력을 잡자, 또 다른 공포가 밀물처럼 밀려오기 시작했다. 가계로 따지면 최항이 정안의 생질에 해당하지만, 그는 최이와 정안의 누이 사이에서 태어난 아들이 아니라 최이와 서련

방이라는 창기 사이에서 태어난 아들이었기 때문이다. 요컨대 그는 정안의 매부 최이가 낳은 아들이긴 하지만, 정안의 누이가 낳은 아들은 아니었기 때문에 두 사람 사이에는 늘 미묘하고도 어색한 기류가 감돌 수밖에 없었다.

정권을 잡은 최항은 남해에 있던 정안을 불러올려 지문하성知門下省에 임명했다가 벼슬을 참지정사參知政事로 높여주기도 했다. 그러나 그것은 어디까지나 정안을 좋게 여기는 당시 여론에 따른 것일 뿐, 정말로 정안이 좋아서 그랬던 것은 아니었다. 더구나 최항은 시기심이 많아서 주변 사람들을 거침없이 죽이거나 유배를 보내는 잔인무도한 권력자였다. 그러므로 『고려사』 「최항 열전」의 곳곳에서는 피살자가 흘린 피비린내가 물씬 풍긴다. 이와 같은 상황 속에서 조마조마한 세월을 보내고 있던 정안에게 어느 날 느닷없이 저승사자가 불쑥 들이닥친다.

(1251년 5월) 참지정사 정안이 문생門生(과거를 주관할 때 뽑은 사람)인 낭장郎將 임보, 내시 이덕영 , 위주부사威州副使 석연분과 시대 상황을 논하다가 이렇게 말했다. "사람의

목숨은 지극히 소중한 것인데, 최항은 어찌하여 사람 죽이기를 그리 쉽게 하는가."... 임보의 처형 집 종이 이 말을 듣고 최항에게 고자질했다. 최항과 정안은 본디 사이가 좋지 않았는데, 정권을 잡자 그를 좋게 여기는 여론에 따라 겉으로는 그에게 예의를 갖추는 척했지만, 실상 속으로는 시기하고 있었다. 그러던 차에 고자질을 듣자 크게 분노하여 말했다. "정안은 본래 딴마음이 있어서 내가 하는 일을 비방하고 다니니, 장차 반란을 일으킬 것이다." 최항은 마침내 정안 집안의 재산을 몰수하고 백령도에 유배를 보냈다가, 얼마 뒤에 사람을 보내어 바다에 빠뜨려 죽여버렸다.

『고려사절요』에 수록된 글이다. 보다시피 정안은 사람을 함부로 죽이는 최항의 무도한 행위를 비판했다가 1251년 5월, 그러니까 일연이 정림사 주지로 부임한 지 불과 2년 뒤에 최항에게 비참하게 죽임을 당했다. 그뿐만 아니라 집안의 재산까지 몰수당했는데, 이런 경우 가족들에게도 혹독하고 무자비한 처벌이 뒤따르기 마련이다. 이와 같은 정치적 소용돌이 속에서 정안의 개인 사찰인 정림사의 주지였던 일연은 어떻게 되었을까?

물론 자료가 전혀 없으므로 자세한 사정은 알 수가 없다. 그러나 집안 재산을 몰수당했다면, 정안의 개인 사찰인 정림사도 당연히 몰수당했을 터. 만약 그렇다면 정안의 초청을 받고 부임한 정림사 주지 일연의 목숨도 아슬아슬한 처지가 되기 십상일 것이다. 그런데 이러한 상황 속에서 일연이 왕명을 받고 선월사로 떠난 1261년까지 줄곧 정림사에 머무를 수 있었을까? 물론 예상 밖의 돌발 변수가 있을 수도 있기 때문에, 꼭 그러지 말라는 법은 없다. 하지만 일연의 정림사 주지 시절도 1251년 5월 정안의 죽음과 함께 와장창 끝장이 났다고 보는 것이 상식적이고 합리적인 추정일 것이다. 만약 그렇다면 1251년 정안이 죽은 뒤에 일연은 어디로 발걸음을 옮겼을까? 잘 모르겠다. 하지만 그로부터 5년 뒤인 1256년(고종 43년, 51세)부터 그가 윤산輪山(경남 남해의 별칭) 길상암吉祥庵에 머무르고 있었음이 확인된다.

마음속으로 가만히 생각하기를 다행히 인연을 만나게 되

면 반드시 (이 책을) 개정하려 했으나, 세상의 많은 어려움을 만나 평소의 뜻을 이루지 못했다. 병진년(1256) 여름에 이르러 윤산輪山 길상암吉祥庵에 주석하게 되면서 여가가 생겨...

일연이 편찬한『중편조동오위重編曹洞五位』라는 책의 서문 가운데 일부다. 평소에 이 책의 잘못된 부분을 수정·편찬하려고 했으나, "세상의 많은 어려움을 만나" 뜻을 이루지 못하고 있다가, 1256년 여름 윤산 길상암에 주석하면서 여가가 생겨 편찬에 착수하게 되었다는 것이다. 그러니까 이 글은 일연이 늦어도 1256년 이전에 정림사를 떠나 길상암에 머무르고 있었음을 보여주고 있다. 여기서 말하는 "세상의 많은 어려움"이라는 것도 정안의 죽음에 따른 우여곡절과 파란만장한 정치적 소용돌이를 우회적으로 표현한 것일 가능성이 매우 높다.

최충헌이 집권하고 있던 1206년에 태어나서 최의가 피살된 1258년까지, 무려 52년 동안을 최씨 정권기에 살았던 일연이 최씨 정권에 대해 어떤 생각을 했는지는 자세하게 알 수 없다. 하지만 후원자인 정안의 비참한 죽음과 함께 일연에게도 위험하기 짝이 없는 삼각파도가 들이닥쳤으리라 판단되며, 일연도 최씨 정권과 심리적으로 대립각을 세웠을 가능성이 대단히 높다. 하필이면 일연이 최씨 정권이 완전히 몰락한 다음 해인 1259년에, 선사가 된 지 무려 13년 만에야 겨우 대선사의 반열에 오른 것도 그러한 상황과 무관하지 않았을 것이라는 견해도 있다. 일연이 정안의 사망 직후에 정림사를 떠났다면, 그가 정림사에 머무른 기간은 대략 2년이다. 그 2년 동안 정림사에서 일연이 했던 일이 무엇인지도 수수께끼다. 하지만 다행스럽게도 『고려사』 「정안 열전」에 수록된 다음 글에서 바로 그 수수께끼를 풀 수 있는 실마리를 찾을 수 있다.

정안은 최이가 권력을 제멋대로 휘두르고 사람들을 시기하는 것을 보고 해침을 당할까 걱정이 되어 남해로 물러나서 살았다. 불교를 좋아하여 명산의 빼어난 사찰들을 두루 노닐었고, 자신의 재산을 희사하여 국가와 약속하고 대장경을 반씩 나누어 간행했다. 불교를 섬김이 너무 번거로워 한 지방 사람들이 싫어하고 괴로워했다... 게다가 아첨하면서 권세 있는 사람과 귀족들을 섬겼고, 사치를 좋아하여 집과 살림살이가 극히 화려하였다.

　　앞의 인용문에서는 대체로 정안의 긍정적인 면모들을 연달아 나열했는데, 이 대목에서는 그의 부정적인 면모들이 대거 등장하고 있어 그야말로 어안이 벙벙할 지경이다. 그런데 여기서 단연 주목되는 것은 그가 사재를 희사하여 당시 국가적 사업으로 진행되고 있던 팔만대장경 판각 사업의 절반을 맡았다고 언급한 내용이다. 『고려사』 「최이 열전」에 최이가 팔만대장경 판각 사업의 절반을 맡았다는 기록이 있는 것을 보면, 정안과 최이가 판각 사업에 소요되는 경비의 절반씩을 댄 것이 아닐까 싶기도 하다. "불교를 섬김이 너무 번거로워 한 지방 사람들이 싫어했다"라고 언급한 내용도 있는데, 이는 팔만대장경 판각 사업에 따른 지역주민들의 엄청난 고통을 반영한 말일 것이다.

　　팔만대장경 판각 사업이 어디에서 이루어졌는지에 대

해서는 아직도 이견이 분분하지만, 남해에 대장경 판각을 위한 분사도감分司都監이 있었다는 것은 분명한 사실이다. 그런데 남해에 있던 정안이 대장경 판각 사업의 절반을 맡았다면, 그가 대장경을 판각하는 시기에 남해에 세웠던 정림사가 판각 사업의 중심에 서서 어떤 역할을 했다고 보는 것이 자연스럽다. 따라서 정안이 일연을 정림사로 초빙했던 목적도 대장경 판각 사업과 관련되어 있다고 생각되고, 학계에서도 대부분 그렇게 추정하고 있다.

이 점은 최근 김봉윤의 연구에 의하여 더욱더 분명해졌다. 그의 연구 결과에 의하면, 일연 비의 뒷면에 새겨진 일연의 제자들 가운데 무려 12명이 대장경을 판각한 각수刻手의 이름과 한자까지 완전히 일치한다고 한다. 한자는 다르지만 이름의 독음이 같은 경우도 11명이나 된다. 당시 고유명사 표기에 동음이의자同音異義字를 사용한 경우가 매우 많았던 데다가, 대장경 판각 상황을 면밀하게 살펴보면 이들도 사실상 같은 사람일 가능성이 대단히 높다. 요컨대 일연의 제자들 가운데 대장경 판각에 종사한 각수가 이토록 많다는 것은 그가 정림사에서 한 일이 팔면대장경 제작 사업과 관련되어 있음을 보여주는 것이다.

　정안이 이처럼 팔만대장경 제작 사업에 어떤 역할을 맡기기 위하여 일연을 정림사에 초대했다면, 일연은 정림사에 부임하기 전에 이미 대장경에 대한 조예가 깊은 인물로 알려져 있었던 것으로 생각된다. 게다가 정림사에서 대장경에 관한 일을 하는 동안 대장경에 대한 이해의 폭이 더욱더 넓어졌을 것이다. 그래서 그런지 일연은 불립문자不立文字(깨달음은 글에 의지하지 않음)를 강조하는 선종의 승려였음에도 불구하고 대장경에 대한 관심이 유난히도 많은 인물이었다.

　우선『삼국유사』탑상 편「전후소장사리前後所藏舍利」조에는 대장경의 전래과정이 여덟 건이나 연대 순서대로 기록되어 있다. 일연 비문에도 "거듭 대장경을 열람했다"라는 표현을 위시하여 대장경에 대한 폭넓은 이해를 보여주는 대목이 여러 곳에서 서술되어 있고, 일연이 편찬한 책 가운데는 대장경에 관한 것이 분명한『대장수지록大藏須知錄』이라는 저술도 있다. 63세 때인 1268년(원종 9

년) 여름에 운해사雲海寺에서 선종과 교종의 명망 있는 스님 100명을 모시고 대장경 낙성법회를 열었을 때, 일연이 조정의 명을 받고 주맹主盟(모임을 주도하는 사람)의 역할을 맡기도 했다. 『삼국유사』에 팔만대장경 조판에 대해 직접적으로 언급한 적은 없지만, 탑상 편의 「요동성遼東城 육왕탑育王塔」조, 의해 편의 「원광서학圓光西學」조 등 두 군데에서 팔만대장경을 참고했음을 주석에다 명시하고 있고, 탑상 편의 「어산불영魚山佛影」조에 두 군데, 의해 편의 「귀축제사歸竺諸師」조 한 군데 등 팔만대장경을 직접 인용한 곳이 세 군데나 있다는 것도 확인되었다. 일연은 대장경을 열람할 기회가 여러 차례 있었기 때문에 이 모두가 팔만대장경 판각 현장에 있었던 남해 시절의 체험과 직접 관련된 것이라고 단정할 수는 없지만, 남해 시절과 관련된 부분도 많을 것이다.

하지만 팔만대장경 판각 사업은 1248년 이미 완전히 종료되었는데, 일연이 정림사에 부임한 해는 1249년이 아니던가? 그렇다면 일연이 정림사에서 대장경과 관련하여 어떤 역할을 했다는 말인가? 잘 모르겠다. 이런저런 추측은 할 수 있겠지만 결정적인 자료가 아무것도 없기 때문이다. 이와 관련하여 대장경 판각사업이 종료된 1248년 이후에 진행된 보유판補遺版(팔만대장경에서 누락되어 추가로 보충한 책판) 판각 작업에 일연이 관여했을 것이라는 김상영의 견해가 있다. 이러한 견해에 드높은 신뢰성을 부여하는 것은 일연의 제자가 된 다수의 각수가 대장경 판각에 참여한 시기다. 김봉윤이 조사한 바에 따르면, 그들이 대장경 판각에 참여한 시점은 모두 일연이 정림사에 부임한 1249년 이전이었다. 그럼에도 불구하고 그 각수들이 일연의 제자가 된 것을 보면, 일연이 정림사에 부임하고 난 뒤에도 그들이 무언가를 새겼음을 의미하는 것으로 생각되고, 만약 그렇다면 그 무엇은 보유판일 가능성이 높다. 실제로 일연이 정림사 주지로 있었다고 추정되는 1251년까지 팔만대장경에서 제외되었던『십구장원통기十句章圓通記』등 균여均如의 여러 저술이 판각되었음이 확인되고 있기도 하다.

게다가 팔만대장경의 판각은 판각 그 자체가 최종적인 목적이 아니라 책을 만들어 보급하는 데 더 궁극적인 목적이 있다. 그러므로 일연이 부임했을 때 이미 대장경 판각 사업이 끝났다고 하더라도, 판각된 목판을 교감하여 낱낱이 인쇄하고 제본하여 책을 완성하는 일이 아직 남아 있지 않았을까?

1251년 9월 임오에 고종이 성城의 서문 밖에 있는 대장경 판당板堂(대장경판을 보관하는 집)에 거둥하여 모든 신하를 거느리고 향불을 피웠다. 현종 때 간행된 초조대장경 판본이 임진년(1232년)에 몽골군에 의하여 불타버렸으므로 왕과 여러 신하가 다시 발원하여 도감都監(임시 관청)을 세우고 16년 만에 일을 끝낸 것이다.

『고려사』에 수록되어 있는 기록이다. 앞에서도 이미 언급한 것처럼 팔만대장경 판각 사업은 1248년에 이미 완료되었다. 그럼에도 불구하고 이 기록에서 대장경 조성 사업이 1251년에 끝났다고 말하고 있는 이유는 무엇일까? 판각 사업이 끝난 뒤에도 삼 년 동안 할 일이 더 있었기 때문일 것이다. 판각 사업이 끝났는데 남아 있는 일이 도대체 무엇일까? 그것은 아마도 새겨진 판목들을 교감하는 한편 여러 가지 복잡한 과정을 거쳐 완성된 책을 만드는 일이라고 보는 것이 자연스럽고, 도명섭의 견해대로 일연은 대역사를 마무리하는 단계에서 이러한 종류의 작업을 총괄하지 않았을까 싶다.

다 알다시피 팔만대장경 조판 사업은 부처의 힘을 빌려 잔인무도한 몽골의 침략을 물리치기 위하여 시작되었다. 물론 합리적인 관점에서 보면, 팔만대장경을 조판한다고 해서 몽골군이 물러날 가능성은 전혀 없었다. 그러므로 팔만대장경 조판 사업은 전 국토가 초토화되고 백성들의 삶이 도탄에 빠진 상황에서, 전쟁 수행에 전혀 도움이 되지 않은 엉뚱한 일로 국력을 낭비하고 백성들의 고통을 가중시켰을 뿐이라는 견해도 얼마든지 있을 수 있다. 하지만 불교 국가였던 고려에서는 거의 모든 백성이 부처에 대해 매우 깊은 신심을 지녔다는 사실을 고려하면, 이 사업이 전 백성의 마음을 하나로 묶어 몽골에 대한 투쟁심을 높이는 대동단결의 계기가 된 것도 사실이다. 이러한 점에서 일연의 팔만대장경 조판 사업 참여는 노중국이 언급한것처럼 그에게 몽골에 대한 전의를 가다듬는 기회가 되기도 했을 것이다.

한편 일연이 승과에 급제한 후에 무려 22년 동안이나 머무르고 있던 비슬산을 떠나서 남해 정림사의 주지가 되었다는 것은 더 넓은 세계로 시야를 넓히는 계기가 되었다는 점에서 개인적으로도 대단히 중요한 의미를 지닌다. 채상식의 견해대로 일연의 정림사 주석은 무엇보다도 보조국사普照國師 지눌知訥(1158~1210)이 창건한 수선사修禪社 계열의 고승들과 사상적으로 교류하는 계기가 되었다. 바로 그 교류의 물꼬를 터준 사람은 일연을 정림사로 초청하였던 정안이었을 것이다. 이미 널리 알려진 것처럼 정안은 최씨 정권의 후원을 받고 있던 수선사 계열의 고승들과 매우 가까운 사이였으며, 특히 수선사 2세 사주 진각국사眞覺國寺 혜심慧諶(1178~1234)과 그의 법을 이은 수선사 3세 사주 청진국사淸眞國師 몽여夢如(?~1252)와는 아주 각별한 사이였기 때문이다.

일연이 혜심을 직접 만난 적이 있는지는 알 수 없지만, 나는 그 가능성의 문을 일단 열어두고 싶다. 왜냐하면 혜심은 수선사와 단속사斷俗寺를 주 무대로 하여 주로 전남과 경남 지역에서 활동한 고승이지만, 대구를 포함한 경북 지역에도 왕래한 흔적이 도처에 남아 있기 때문이다. 특히 1231년 8월에 혜심은 훗날 일연이 13년 동안 머물렀던 비슬산 인홍사仁弘寺에서 닷새가량 머물면서 시를 지어 남기기도 했는데, 그때 일연은 같은 비슬산의 보당암에서 수행하고 있었다. 당대 불교계를 주도하던 대표적 고승으로 수선사의 2대 사주였던 혜심이 같은 산에 있는 절에서, 더구나 자신이 소속된 가지산문의 절에서 닷새가량이나 머무는 동안, 학구열이 뜨겁게 불타던 젊은 승려 일연이 찾아가 뵙지 않았을까? 일연이 혜심을 만났을 가능성의 문을 열어두는 가장 큰 이유가 바로 여기에 있다.

일연이 정림사에 부임했을 때는 이미 혜심이 세상을 떠난 뒤였으므로 그를 만날 수는 없었다. 하지만 일연이 머물렀던 남해와 그 인근 지역인 하동, 진주 등에는 혜심의 발자취가 도처에 남아 있었으므로 의식적이든 무의식적이든 혜심의 영향을 크게 받았을 것이다. 『삼국유사』「전후소장사리」조에 무의자無衣子(혜심의 자字)가 통도

사에서 지은 시가 인용되어 있을 뿐만 아니라, 일연이 혜심의『선문염송禪門拈頌』에 관한 저술인『선문염송사 원禪門拈頌事苑』을 남겼음을 고려하면 더욱더 그렇다. 혜심의 뒤를 이은 수선사 제3세 사주 몽여와의 만남은 다 음 기록을 통하여 분명하게 확인된다.

보법普法 지겸志謙(1145~1229)의 조동오위 관련 저서 는 적지 않은 문제점을 내포하고 있었으므로 나는 진작부터 그 점을 가슴속에 품고 있었다. 그런데 일찍이 조계曹溪 소융小 融 화상을 뵈었을 때, 이야기가 조동종曹洞宗의 계통系統에 미치니 화상도 또한 그 점을 말하고 재삼 개연히 탄식하셨다.

일연이 1256년부터 집필하여 1260년에 간행한『중편 조동오위』의 서문 가운데 한 대목인데, 여기서 말하는 소 융화상은 앞에서 언급한 몽여의 호다. 인용문을 통해서 우리는 두 가지 사실을 짐작할 수 있다. 첫째, 일연과 몽여 가 만나 학문적 담론을 나누었다는 점인데, 몽여가 1252 년에 세상을 떠났으므로 그들이 만난 시점은 일연이 정림사에 머무르던 시절일 가능성이 대단히 높다. 둘째, 일연과 몽여의 만남은 한두 번으로 끝났을 수도 있겠지만, 그들 사이에는 어떤 학문적 교감과 사상적 공감대가 형성되어 있었다는 점이다. 이 점은 인용문에서도 분명히 드러나 있지만, 또 다른 사례도 알려져 있다. 혜심의『선문염송』에 대한 공통된 관심이 바로 그것이다. 몽여는 혜심의『선문염송』을 보완한 책을 분사도감에서 간행했을 뿐만 아니라,『선문염송』가운데 설두雪竇, 천동天童, 환오圜悟 세 사람의 공안만을 떼어내어『선문삼가염송집禪門三家拈頌集』을 간행하기도 했다. 그런데 일연도『선문염송사원』이란 저서를 남기고 있다. 혜심의 저술인『선문염송』에 대한 그들의 공통된 관심이 우연의 일치가 아니라면, 일연이 몽여로부터 일정한 영향을 받았다고 보아도 좋을 것이다.

시골 스님, 왕명을 받다

수선사 고승들이 일연에게 미친 사상적 영향과 관련하여 특히 주목되는 것은 일연이 『중편조동오위』를 간행한 다음 해인 1261년 왕의 부름을 받고 몽골 침략기의 임시 수도였던 강화도의 강도江都에 갔다는 사실이다. 설명의 편의를 위하여 앞에서 이미 인용한 비문을 다시 한번 음미하여 보고자 한다.

1261년(56세, 원종 2년) 왕명을 받고 서울로 나아가 선월사禪月社에 머무르면서 개당하고 멀리 목우牧牛화상의 법맥을 계승하였다.

이 짤막한 글에도 주목되는 사항이 여러 개 있다. 무엇보다도 주목되는 것은 일연이 목우화상의 법맥을 계승했다고 표방하고 있다는 사실이다. 여기서 말하는 목우는 수선사를 창건한 보조국사 지눌의 호 목우자牧牛子를 말한다. 앞에서도 이미 언급한 것처럼 일연이 수선사 계열의 고승 가운데 보다 직접적인 영향을 받은 사람은 수선사의 2세 사주 혜심과 3세 사주 몽여가 아닐까 싶은데, 일연이 다섯 살 때 이미 세상을 떠나버린 지눌의 법맥을 계승했다고 표방한 것은 어째서일까? 아마도 그것은 지눌이 수선사를 창건한 창건주일 뿐만 아니라 정혜결사定慧結社를 통하여 타락한 불교계의 혁신 운동을 주도했던 높은 상징성을 지닌 인물인 데다, 혜심과 몽여도 결국 지눌의 법맥을 계승한 승려들이기 때문일 것이다. 뒤에서 다시 언급하겠지만 일연은 여러 가지 면에서 사상적 포용성을 보여주는 인물인데, 가지산문에 소속된 승려로서 사굴산문闍崛山門에 속하는 수선사의 사상을 냅다 끌어안은 이 사건도 그의 사상적 포용성을 보여주고 있다는 점에서 주목되고 있다.

그다음으로 주목되는 것은 일연이 처음으로 왕명을 받았다는 사실이다. 물론 이보다 2년 전에 이미 국가로부터 왕사와 국사가 될 수 있는 최고 승계僧階인 대선사에 임명된 바가 있기는 하다. 이는 고려 조정에서도 불교계 내에서의 일연의 위상을 알고 있었고, 그의 동향을 예의 주시하고 있었음을 의미하는 것이다. 그러나 무수한 대선사들 가운데 왕명을 받고 서울에서 머무른다는 것은 특별한 일이 아닐 수 없다.

　　경상도 시골 스님인 일연이 어떻게 왕명을 받게 되었을까? 아마도 일연은 정림사 시절부터 정안을 매개로 하여 종교계뿐만 아니라 최씨 정권의 정치권 인사들과도 일정하게나마 교류했을 터다. 하지만 자신의 후원자인 정안의 살해를 계기로 하여 최씨 정권과 심리적 대립각을 세우고 있었을 가능성이 대단히 높으며, 이에 대해서는 앞에서도 이미 언급한 바 있다. 그런데 최씨 정권의 몰락에 따른 국왕 친정체제 구축을 계기로 하여 종교계가 재편성되는 와중에서, 최씨 정권이 몰락한 뒤에 왕위에 오른 원종이 최씨 정권과 등을 지고 있던 일연을 초빙했을 가능성이 높다.

　일연을 초빙한 왕이 원종이라는 것도 대단히 주목되는 사실이다. 다 알다시피 원종은 태자 시절에 몽골과의 항쟁을 끝내고 화친을 도모하기 위하여 중국에 갔다가, 훗날 몽골의 뒤를 이은 원나라의 세조로 즉위하는 쿠빌라이를 만나 뜻밖의 환대를 받았다. 서로 좋은 감정을 가지고 있던 두 사람이 1260년 자신의 나라에서 각각 즉위하자, 양국 사이에는 화해의 분위기가 싹트기 시작했다.

　하지만 몽골과의 본격적인 화친을 도모하기 위해서는 국왕의 친조親朝(왕이 천자에게 직접 가서 친히 조회함)와 개경開京 환도還都라는 몽골의 요구 조건부터 들어주는 것이 우선순위였다. 몽골이 그동안 줄기차게 침공하면서 시종일관 내세운 침략의 명분이 바로 고려가 국왕의 친조와 개경 환도를 약속해놓고도 어영부영 이행하지 않고 있다는 것이었기 때문이다. 원종은 1264년 아직도 계속되고 있던 무인정권의 권력자 김준의 강력한 반대를 무릅쓰고 원나라로 가서 세조 쿠빌라이에게 친조하였고, 1270년에는 전격적으로 개경으로 환도를 단행하였다.

화친의 걸림돌을 모두 제거함으로써 몽골과의 전쟁이 완전히 끝났을 뿐만 아니라 왕권이 크게 강화되었고, 고려라는 나라를 지킬 수 있는 터전이 마련되었다. 원나라에 정복당한 수많은 나라 가운데 고려가 나라를 끝까지 보존한 유일한 나라라는 점에서, 원종은 외교적 수완과 결단력이 탁월한 사람이었다고 말할 수 있다. 하지만 그로 인하여 몽골이 파놓은 진흙 수렁에 점점 더 깊이 빠져들어, 이른바 '원 간섭기'라는 전례 없는 특수 시대를 맞이하게 된 것은 가슴을 치며 통탄해야 마땅할 뼈아픈 역사가 아닐 수 없다.

이 대목에서 우리의 궁금증을 자아내는 것은 이러한 시대를 바라보는 일연의 인식과 대응 자세가 어떤 것이었는가에 대한 의문이다. 아쉽게도 현존하는 자료에서는 이 문제에 대해 일연이 언급한 내용을 찾을 수가 없기 때문에, 무어라고 말하기가 조심스럽다. 하지만 여러 가지 정황으로 볼 때 그는 원종과 정치적·외교적 견해를 같이했을 가능성이 대단히 높다. 우선 일연의 정치적·외교적 견해가 원종과 달랐다면, 원종이 일연을 초빙할 이유가 없었을 것이다.

하지만 일연이 몽골과의 화친을 도모하는 원종과 정치적 견해를 같이했다 하여, 진심으로 몽골을 좋아했던 것은 물론 아니다. 오히려 그는 국토의 침략자일 뿐만 아니라 문화의 파괴자였던 몽골에 대하여 남다른 적개심을 지녔을 게 뻔하다. 그럼에도 불구하고 일연은 몽골에 대한 적극적인 저항이나 비판의식, 분노와 울분을 표면적으로 터뜨린 적이 없다. 오해하지 마라. 울분이 없다는 것이 아니라 가슴속에 일어나는 울분을 큰 바위로 꾹꾹 눌러놓고 있었다는 뜻이니까. 반면에 일연은 원종의 전격적인 개경 환도와 삼별초 해산 명령을 계기로 하여 분연히 들고 일어난 삼별초의 난을 '적난賊難'이라는 직설적인 용어로 비판했다. 이 모두가 몽골을 싫어하면서도 어쩔 수 없이 몽골에 대한 화친 정책을 적극적으로 추진했던 원종과 정치적 견해를 같이했던 데서 오는 불가피한 현상이었을 것이다.

일연이 왕명을 받고 서울 강도로 들어왔다는 것은 자의든 타의든 고려 조정의 유력 인사들과도 교류할 수 있는 계기가 마련되었다는 점에서도 대단히 중요한 의미를 지닌다. 일연 비의 뒷면에 나오는 정치권의 단월檀越(고승을 후원하는 불교 신자)들과 본격적으로 인연을 맺기 시작한 것도 이 무렵부터로 추정된다. 그 하나의 사례로서 일연의 단월이었던 이장용과 김구의 경우를 들 수 있는데, 이 점에 대해서는 다음 글이 참고가 된다.

선문禪門의 운사韻士(시인을 말함) 견명見明이 구름처럼 떠돌아다니면서 20여 년간 남방에서 설법을 했는데, 지금은 왕명으로 불려 들어와 불화사佛華寺에 머무르고 있다. 시중 이장용과 평장사 유경이 말안장을 나란히 하고 찾아가서 도를 물었다. 유경이 먼저 시를 짓자 이장용이 화답했다. 견명과 따라 노닐던 간의諫議 이송진, 대사성大司成 김구가 이미 지어진 시의 운을 따라 시를 지었다. 합해서 시축詩軸 하나가 이루어지니 서울에 널리 전해져서 많은 사람의 입에 오르내렸다. 내(이승휴)가 이 성대한 일을 보고 미천하고 용렬함을 헤아리지 않고 삼가 시 몇 편을 지어 두 분(이장용과 유경)에게 받들어 바친다.

『제왕운기』의 저자 이승휴가 자신이 지은 어느 한시의 창작 경위를 설명한 글이다.『삼국유사』를 편찬한 일연과 『제왕운기』를 지은 이승휴가 직접 만난 적이 있었는지는 확실하지 않다. 하지만 이 글을 통하여 적어도 그들이 한 다리만 건너면 서로 아는 사람일 정도로 같은 시대, 가까운 곳에서 활약하고 있었다는 사실만은 분명하다. 단군 신화를 수록한 최초의 문헌들일 뿐만 아니라 고려 후기를 대표하는 역사서인『삼국유사』와『제왕운기』의 저자가 이렇게 같은 무대에서 함께 활동했다는 것은 우리의 가슴을 설레게 한다.

그런데 위의 인용문에서 무엇보다도 주목되는 것은 당시 정치권의 거물들인 이장용과 유경이 불화사에 머무르고 있던 일연을 찾아가서 도를 물었을 뿐만 아니라 시문을 주고받았다는 사실이다. 게다가 선문의 시인인 일연 및 일연과 교유하던 이송진, 김구가 유경과 이장용이 읊은 시에 화답하는 시를 연달아 지어 사람들에게 널리 유포되었다는 점도 물론 주목된다. 일연과 당시의 정치권 인사들이 시를 매개로 하여 교유하는 모습이 또렷하게 포착되어 있기 때문이다.

여기에 등장하는 인물들의 면면들도 눈여겨보아야 한다. 유경(1211~1289)은 김준과 함께 최씨 정권의 마지막 집정자인 최의를 살해하고 국왕의 친정체제 구축을 주도했던 인물이다. 이장용(1201~1272)은 무신 김준의 끈질긴 반대를 뿌리치고 원종이 추진한 몽골과의 화친정책을 가장 강력하게 뒷받침했던 당시 정치계의 거물로서, 원나라의 부당한 요구를 끝내 거절하는 탁월한 외교 수완을 발휘한 인물이기도 하다. 이장용, 유경과 가까운 사이였던 김구(1211~1278)도 역시 원종과 정치적 노선을 같이하면서 몽골에 보내는 외교문서를 도맡아서 작성했던, 원종 대의 대표적 문인이었다. 게다가 이장용은 일연 비의 뒷면에 새겨진 39명의 정치권 단월들 가운데 맨 앞자리를 차지하고 있는 인물이고, 김구도 역시 일연 비의 뒷면에 새겨진 비중 높은 단월이라는 점에서 특히 눈길을 끈다. 이장용과 김구가 세상을 떠난 지 대략 20년 전후의 세월이 지난 1295년에 세워진 일연의 비에 그들의 이름이 등장하고 있는 것을 보면, 일연과 그들과의 관계가 얼마나 돈독했는지를 짐작하고도 남음이 있을 것이다. 일연과 돈독한 사이였던 그들이 왕의 친정체제 구축이나 몽골과의 화친을 주도한 인물이라는 것도 앞에서 언급한 일연의 정치적 행보와 관련하여 매우 주목되는 사실이다.

그런데 이승휴가 위의 글을 쓴 '지금'은 구체적으로 언제일까? 일연의 비문에는 그가 불화사에 머물렀다는 기록이 없으므로 알기가 쉽지 않다. 그러다 보니 일연이 충렬왕의 명으로 개경으로 불려온 1282년경의 일로 보는 견해도 있지만, 이러한 견해는 잘못된 것이다. 왜냐하면 인용문에서 일연이 20여 년간 남방에서 설법을 하다가 왕명으로 불려 왔다고 했는데, 남방인 영남 지역에서 줄곧 활동하던 그가 왕명에 의해 처음 서울 강도로 불려온 해는 1261년이었기 때문이다. 더욱 결정적인 근거는 이 글에 등장하는 핵심 인물들인 이장용이 1272년, 김구는 1278년에 이미 사망했다는 사실이다. 게다가 급제 후 줄곧 삼척에서 지내던 이승휴가 1263년 겨울 강화도의 강도로 왔다가, 1264년 7월에 경흥도호부慶興都護府 판관겸장서기判官兼掌書記에 제수되어 강릉으로 부임했고, 일연도 같은 해 가을에 오어사로 내려갔음을 고려하면 이 사건의 시간적 배경도 1264년 7월 이전이었을 것이다. 이렇게 볼 때 일연은 대략 왕명으로 서울 강도에 들어온 1261년 무렵부터 정치권의 유력 인사들과 시문을 주고받으면서 교유하고 있었음을 짐작할 수 있다.

위의 글에서 이승휴가 일연을 선문의 '운사'로 표현한 것도 매우 주목되는 대목이다. 왜냐하면 '운사'가 '운치 있는 사람'을 가리키는 말이기도 하지만 시인을 가리키는 말이기도 한데, 여기서는 정황상 시인을 가리키는 것이 분명하기 때문이다. 요컨대 당대를 대표하는 시인이었던 이승휴가 일연을 '선문의 시인'으로 인식할 정도로 일연의 시인으로서의 역량이 결코 만만하지 않았던 것이다. 아닌 게 아니라 일연은 한시를 짓는 것이 생활화되어 있었던 승려 시인으로 생각되며, 이 점은『삼국유사』를 통해서도 그 대강을 확인할 수 있다. 우선 그는 저 유명한 조신調信 설화를 읽고 그 감회를 칠언절구 두 수로 표현하고 있으며, 젊은 날 비슬산의 성사들을 찬양하는 칠언고

시를 남기기도 했다. 일연이『삼국유사』의 곳곳에서 자신이 지은 칠언절구 형식의 48수의 찬시를 삽입한 것도 자신의 시적 역량에 대한 자신감의 소산일 것이다.

다음으로 언급하고 싶은 것은 일연이 머물렀다는 선월사라는 절이다. 당시 서울이었던 강화도에 선월사라는 절이 있었다는 기록을 찾을 수가 없으므로 선월사는 지금까지도 수수께끼로 남아 있다. 그러한 가운데 선월사가 최씨 정권 시절에 강화도에 세운 수선사의 강화지점 격인 선원사禪源寺의 오기일 것이라는 추측이 대세를 이루고 있기도 하다. 그러나 이와 같은 견해는 잘못된 것으로 생각된다. 왜냐하면 당시 강화도에서 벼슬살이를 하고 있던 이장용이 선월사를 소재로 한 두 편의 시를 남겼다는 것이 확인되고 있고, 같은 절인지는 알 수 없으나 여말 선초의 문신 권근이 선월사에서 지은 시도 전하고 있기 때문이다. 그 가운데서 단연 주목되는 것은 「선월사 사량정 차운禪月寺四凉亭次韻」이라는 이장용의 칠언율시다.

襟袂殷勤片片涼　옷깃과 소매에 은근하게 서늘한 기운 스며드는데

老禪欄檻俯崇岡　늙은 선사 난간에서 높은 산을 굽어보네

江山卽是解脫境　강산은 그대로 해탈경을 이루고 있고

草木亦生知見香　초목도 지견의 향기를 풍기고 있구나

地迥易教人倚久　절이 외지니 사람들이 쉽사리 오래 쉬어 가고

天高剩與鳥飛長　하늘이 높고 높아 새들도 멀리 마음껏 날아가네

功名二字眞無賴　공명이란 두 글자가 진실로 무뢰하구나

遮斷淸風六尺床　육척 상 맑은 바람을 냅다 막아 버리다니

이 작품에서 무엇보다도 궁금한 것은 둘째 구에 등장하는 늙은 선사가 누굴까 하는 점이다. 앞에서도 이미 언급한 것처럼 강화도의 선월사는 1261년부터 일연이 주지로 머물렀던 절이고, 이 작품은 일연의 대표적인 정치

권 단월로서 일연을 찾아가 도를 묻고 시문을 주고받았다는 이장용이 선월사에서 지은 시다. 첨언하자면, 일연과 이장용은 매우 빈번하게 만나면서 상당한 정도의 사상적 교감을 나눈 사이였음이 거의 분명하다. 유학자이면서도 불교에 깊이 심취했던 이장용은 『선가종파도禪家宗派圖』『화엄추동기華嚴錐洞記』등 불교 관계 저술을 남기기도 했다. 『선가종파도』는 선종 종파의 계보를 도표화한 책으로 생각되는데, 일연도 유사한 성격을 지닌 책으로 추정되는 『조파도祖派圖』라는 책을 남겼다. 이것이 우연의 일치일까? 게다가 일연의 『삼국유사』「진정사 효선쌍미眞定師 孝善雙美」조에는 "의상의 『화엄경』강의의 핵심적인 내용을 정리한 『추동기』가 세상에 전해지고 있다"라고 쓰여 있는데, 여기서 말하는 『추동기』에는 이장용이 『추동기』를 윤색한 저술인 『화엄추동기』도 당연히 포함되어 있을 것이다. 일연과 이장용의 이와 같은 관계의 밀도를 고려하면, 이 작품에 등장하는 늙은 선사는 일연일 가능성이 대단히 높다. 그 무렵 일연의 나이가 그 당시로서는 늘그막에 해당하는 50대 후반이었음을 고려하면 더욱

더 그러하다.

그런데 잠깐! 1261년에 왕명을 받고 서울인 강도로 올라온 일연이 주석한 곳은 선월사라고 했는데, 앞에서 나온 불화사는 또 무엇인가? 선월사가 불화사의 별칭인가? 아니면 일연이 처음 강화도로 와서 선월사에 주석하다가 후에 거처를 잠시 불화사로 옮겼을까? 후자일 가능성에 손을 들고 싶기는 하지만, 증거가 없으니 알 수가 없다. "도대체 모르는 게 왜 이리 많아?" 그렇게 물으면 입이 열 개라도 할 말이 없다.

마지막으로 하나만 더 보태자. 왕명을 받고 강화도의 선월사에서 머물렀던 3년 동안 일연은 주로 무엇을 하고 지냈을까? 이에 대해서는 『삼국유사』에 인용된 역사 관련 서적들의 목록을 통해서 그 대강을 유추할 수 있다.

중국 역사서: 『위서魏書』, 『통전通典』, 『전한서前漢書』, 『위지魏志』, 『후한서後漢書』, 『구당서舊唐書』, 『신당서新唐書』, 『후위서後魏書』, 『책부원구册府元龜』

한국 역사서: 『삼국사기三國史記』, 『가락국기駕洛國記』,

『가락기찬駕洛記賛』, 『본조사략本朝史略』, 『제왕연대력帝
王年代曆』

일본 역사서: 『일본제기日本帝記』

　보다시피 『삼국유사』에는 매우 많은 역사책이 등장하
고 있다. 중국과 한국의 역사책이 두루 망라되어 있고, 한
권에 불과하기는 하지만 일본의 역사책까지도 포함되어
있다. 게다가 『삼국유사』에는 『삼국사기』의 내용이 수십
번에 걸쳐 여기저기 인용되어 있어서 일연이 『삼국사기』
를 꿰뚫고 있었음을 알 수 있으며, 『전한서』, 『후한서』, 『구
당서』, 『신당서』, 『통전』 등 중국의 역사서들도 높은 빈도
로 여기저기 인용되어 있다. 이런 역사책들은 산중에서
수행하는 승려였던 일연이 평상시에는 도저히 접할 수 없
는 희귀한 도서들로서, 서울에 있는 궁중도서관 같은 국
가 도서관이 아니고는 소장되어 있는 곳이 달리 있을 것
같지가 않다.

　그렇다면 일연은 이 희귀 도서들을 언제 어디서 보았
을까? 일연의 비문을 통해서 볼 때, 그가 서울에서 상당

기간 머물렀던 것은 두 번 정도였던 것 같다. 원종의 명령을 받고 1261년부터 1264년 가을까지 대략 3년간 당시 서울인 강도의 선월사 주지로 머물렀던 것, 충렬왕의 명령을 받고 1282년 10월부터 1283년 4월 이후의 어느 시점까지 개경開京의 광명사에 머물다가 고향으로 돌아간 것이 그것이다. 하지만 두 번째 경우는 체류 기간이 그리 길지 않았을 뿐만 아니라 국사로 임명되기 전후의 대단히 바쁜 시기였기 때문에, 도서관에 가서 역사책을 꼼꼼하게 뒤적일 수 있는 시간을 내기가 어려웠을 것이다. 게다가 이 무렵에는 일연의 나이가 이미 무려 여든에 가까운 고령이었다. 이렇게 볼 때 일연이 도서관에 가서 역사책을 뒤적인 기간은 선월사에 머무르던 3년간이라고 보는 것이 자연스럽다.

더욱더 주목되는 것은 이런 책들은 대부분 분량 자체가 엄청나서, 사실상 책 전체를 필사하여 가지고 다니면서 수시로 참고할 수 있는 것이 아니라는 점이다. 여기서는 지면 관계상 역사책에 한하여 언급했지만, 『삼국유사』에 인용되어 있는 문헌 가운데 한 개인이 소장하기가 극히 어려운 다른 분야의 책도 많다. 따라서 이들 책의 내용 가운데 『삼국유사』에 인용되어 있는 부분들은 선월사에 머무르던 시절에 채록한 것으로 판단된다. 물론 추후에 보충 서술이 이루어졌을 수는 있겠지만, 이 책들이 대거 인용되어 있는 기이 편과 홍법 편의 많은 부분은 이 무렵에 그 대체적인 얼개가 갖추어졌을 것으로 추정할 수 있는 근거도 바로 여기 있다. 요컨대 일연이 선월사에 머물렀던 3년 동안은 『삼국유사』에 인용되어 있는 수많은 문헌 자료를 섭렵하고 초록함으로써, 『삼국유사』 서술의 기본적 토대를 마련해나간 시기로 판단되며, 이 점에 대해서는 전문적인 학술 논문을 통하여 본격적으로 다루어볼 예정이다.

오어사에 들르다

대략 3년간 피난 수도인 강화도에 머무르던 일연은 1264년 다시 영남으로 돌아오는데, 이에 대해서 비문은 다음과 같이 아주 간략하게 기록하고 있다.

1264년(59세, 원종 5) 가을, 여러 번 요청한 끝에 남쪽으로 돌아와서 오어사吾魚社에 머물렀다.

우선 '여러 번 요청한 끝에'라는 표현이 눈길을 끈다. 일연은 서울 강도를 떠나려고 들입다 발버둥을 치고 원종은 떠나려는 일연의 옷자락을 와락 부여잡는, 그러니까 원종과 일연 사이에 밀당이 여러 차례 벌어졌음을 시사하는 대목이기 때문이다. 일연이 서울을 떠나려고 했던 구체적인 이유는 알 수 없다. 하지만 국왕의 친정체제가 구축되었다고는 해도 몽골과의 강화를 적극적으로 추진하던 원종과 이장용 등 그 측근 세력과, 이렇다 할 대책도 없으면서 결사 항쟁만을 우렁차게 외치고 있던 김준 등 무인 세력이 끊임없이 갈등을 불러일으키고 있었던 당시의 정치적 상황도 단단히 한몫하지 않았을까 싶기도 하다. 그리하여 마침내 우여곡절 끝에 허락을 받고 서울을 탈출하는 데 성공한 일연이 처음 주석한 곳은 포항 운제산의 오어사였다.

비슬산의 보당암, 묘문암, 무주암, 남해 정림사, 윤산의 길상암, 강화도의 선월사와 불화사, 오어사 등 지금까지 일연이 머물렀던 절 가운데 아직도 법등法燈이 끊어지지 않고 있는 유일한 절인 오어사! 지금으로부터 거의 50년 전 대학 시절에 내가 처음 가 보았던 오어사는 정말 고요하고 아름다운 절이었다. 작은 댐으로 느껴지는 오어저수지 바로 아래 있는 버스 종점에서 하차하여 저수지의 둑 위에 올라섰을 때, 현실이라고 믿기 어려운 절묘한 풍경들이 눈앞에 펼쳐져 있었다. 하늘의 뭉게구름, 올망졸망한 가운데 아찔한 벼랑이 우뚝 서 있기도 한 주변의 산들이 거울 같은 수면을 경계로 하여 몽땅 데칼코마니를 이루고 있는, 참으로 몽환적인 풍경이었다. 바로 그 몽환적인 데칼코마니 속으로 놓여 있는 여러 개의 귀엽고 작은 다리를 지나자, 인적이 뚝 끊어진 적막강산 속에 오어사가 저수지를 고요히 안은 채로 꾸벅꾸벅 졸고 있었다.

　하지만 이제 그런 오어사는 이 지상에 없다. 저수지 가의 산들을 깎아 왕복 2차선의 시원한(?) 포장도로를 닦고, 오어사 바로 앞에 주차창을 만들어 절 주변이 완전 시장판이 되어버렸으니까. 한마디로 말하여 고요히 졸고 있던 풍경들이 깜짝 놀라서 입을 딱 벌리며 뒤로 넘어가는 상황이다. 그러나 그래도 오어사는 아직도 여전히 아름답다. 물론 일연이 오어사를 찾았을 때는 저수지가 없었으므로 풍경이 지금과는 많이 달랐겠지만, 저수지를 지운다고 해서 오어사의 아름다움이 어디로 가는 것은 아닐 것이다. 3년간이나 세속 사회의 갈등으로 가득 찬 서울에서 시달렸던 일연이 심신을 쉬기에는, 아름답고 한

적한 데다 세상 밖으로 멀리 떨어진 오어사가 참으로 안성맞춤이었을 게다. 『삼국유사』의해 편의 「이혜동진二惠同塵」조에 나오는 다음과 같은 이야기도 아마 그때 취재했을 것이다.

혜공惠空은 늘그막에 항사사恒沙寺(오어사의 원래 이름)로 거처를 옮겨 살았다. 그 무렵 원효는 여러 불경의 주석서를 쓰고 있었는데, 의심스러운 곳이 있으면 혜공을 찾아가서 질문을 던지곤 했다. 그러한 가운데 간혹 서로 익살을 부려가며 놀기도 했다. 어느 날 혜공과 원효가 시냇가에서 고기와 새우를 잡아먹고 돌 위에서 똥을 누었는데, 혜공이 그 똥을 가리키며 익살을 부렸다. "그대가 눈 똥은 나의 물고기다[여시오어汝屎吾魚]". 바로 이 말로 인하여 절 이름을 오어사라 했다.

오어사라는 절 이름의 유래담인데, 고승들의 자유분방하고 천진난만한 모습이 손가락 끝에 잡힐 듯이 선하다. 하지만 40여 년 전 내가 포항에서 잠시 교편을 잡고 있었을 때, 직접 채집한 민간전승이 훨씬 더 재미있을지도 모르겠다.

혜공과 원효가 누가 도가 높은지 시합을 하기로 했다. 그들은 시냇가의 고기를 잡아먹고 뒤를 보아, 살아 있는 고기를 누는 사람이 도가 높은 사람으로 결정하기로 합의했다. 각각 고기를 한 마리씩 잡아먹고 뒤를 보았는데, 한 사람은 똥을 누었고 다른 한 사람은 살아 있는 고기를 누었다. 하지만 뒤를 본 것이기 때문에 살아 있는 고기가 누구의 뒤에서 나온 것인지는 알 수 없었다. 그러므로 두 사람은 살아 있는 고기를 가리키며 동시에 외쳤다. "이 고기가 바로 나의 고기다!" 이로 인하여 절 이름을 오어사라 부르게 되었다.

그러니까 두 사람이 서로 살아 있는 고기를 자기가 잡아먹은 고기라고 주장하면서, 자신의 도가 더 높다고 우겼다는 것이다. 익살이라도 이만저만한 익살이 아니다. 이 민간 전승과 견주어보면 『삼국유사』의 "여시오어汝屎吾魚"도 앞에서 소개한 보편적인 번역보다 "그대는 똥을 누었고, 나는 고기를 누었다."라고 번역하는 것이 옳을 것

같기도 하다. 그러니까 나의 도가 너의 도보다 한 수 위라는 뜻이 되겠다.

다시 비슬산에 머무르다

한적하고 아름다운 오어사에서 이런 설화나 채집하면서 유유자적하게 소요할 수 있으면 얼마나 좋을까? 하지만 그러기에는 일연이 이미 너무 유명해져 있었다. 그러므로 그는 오어사에 오래도록 머물지 못하고, 인홍사仁弘社 주지가 되어달라는 요청을 받고 떠나게 된다.

(오어사에 머문 지) 얼마 지나지 않아, 인홍사 주지 만회가 일연 스님에게 주지 자리를 양보하여 취임하자, 배우는 사람들이 구름처럼 모여들었다. 일연이 인홍사의 주지가 된 지 11년이 지났을 때(70세, 1275, 충렬왕 1년), 이 절이 창건된 지 이미 오래되어 전각들이 모두 무너져 내리는 데다 지대가 낮고 좁

앉다. 그러므로 일연이 모두 중수하여 새롭게 하고 사역을 확장한 뒤에 조정에 사실을 아뢰었다. 조정에서는 절 이름을 인흥사仁興社라 바꾸고 충렬왕이 친필로 현판을 써서 하사하였다. 또 포산의 동쪽 기슭에 있는 용천사를 중창하고 이름을 불일사佛日社로 고쳤다.

그런데 인흥사라? 인흥사가 어디에 있었던 절이던가? 인흥사는 비슬산의 북쪽인 대구광역시 달성군 화원읍 본리리에 있었던 절이다. 남평 문씨 본리세거지(대구광역시 유형문화유산)는 19세기 전반 문익점의 후손인 문경호가 정전법井田法에 입각해 계획적으로 세운 마을이라고 전해져오는 곳이다. 거기가 바로 임진왜란 때 소실된 이후에 끝내 복원되지 못했던 옛날 비슬산 인흥사 터다. 사연 많고 유서 깊은 고택들이 고기 비늘처럼 즐비하게 늘어서 있어서 평소에도 사람들의 발길이 끊어지지 않고 있지만, 홍매와 백매가 봄소식을 터뜨릴 때면 카메라를 든 사람들로 인산인해를 이루는 곳이다.

그러나 이들 가운데 이곳이 옛날 『삼국유사』의 저자

일연이 머물렀던 유서 깊은 절터임을 아는 사람은 거의 없다. 마을에 고려시대의 것으로 전해지는 우물과 석재들이 남아 있긴 하지만, 이곳이 옛날에는 큰 절터였음을 보여주는 유물도 별로 눈에 띄지 않는다. 다만 마을 앞에 만신창이의 불구가 되어 마지막 숨을 헐떡거리며 애잔하게 서 있는 아주 조그만 석탑 하나가, "옛날에는 여기에 절이 있었소"라고 혼자 중얼거리면서, 볼멘 표정으로 서 있을 뿐이다.

임진왜란이라는 난데없는 전쟁 통에 절이 폐허가 되어버린 데다 문헌 기록마저 특별한 것이 없기 때문에, 이 절의 창건 연대도 분명하지 않다. 1959년 경북대학교 박물관 뜰로 이건된 이른바 '전傳인홍사지 삼층석탑'의 양식적 특징을 근거로 하여, 인홍사가 통일신라 시대에 세워진 것이라는 속설이 광범위하게 유포되어 있기는 하다. 그러나 이 석탑의 원래 위치는 세상에 널리 알려진 바와는 달리 인홍사지가 아니라 인홍사지에서 대략 2km나 떨어진 달성군 선거관리위원회 부근이다. 따라서 이 석탑의 양식을 기준으로 하여 인홍사의 건립 연대를 추정하는 것은 당연히 잘못일 터다. 하지만 일연이 주석하기 33년 전인 1231년 8월에 수선사의 제2세 사주였던 진각국사 혜심이 인홍사에 들러 지은 시가 지금까지도 전해지고 있는 것을 보면, 고려 후기에는 꽤나 알려진 절이 아니었나 생각된다.

일연은 비슬산 무주암을 떠난 지 무려 15년 만에 다시 비슬산의 인홍사로 돌아와서 13년 동안 머무르게 된다. 전후 합하여 무려 35년 동안이나 비슬산에서 주석했으므로 비슬산이 일연을 키웠다고 해도 과언이 아니다. 하지만 일연 덕분에 비슬산의 높이가 훨씬 더 높아졌다고 말할 수도 있을 것이다. 비슬산에 대해서 시큰둥한 반응을 보이던 사람들도 『삼국유사』의 저자 일연이 승려 생활의 절반에 해당하는 35년 동안이나 머물렀던 산이 비슬산이라고 설명을 하면, "아 그렇습니까?"라고 하면서 깜짝 놀란 표정을 짓곤 하니까.

인용한 비문에 따르면 일연이 인홍사에서 주석하자 승려들이 구름같이 몰려들었다고 한다. 당대의 대표적인 학승이었을 뿐만 아니라 임금의 부름을 받아 정치적 입지까지 크게 강화된 일연이 불교계에서 차지하는 드높은 위상을 짐작하게 하는 대목이다. 그가 인흥사에서 했던 일 가운데 하나는 퇴락해가던 인흥사를 중창하는 일이었다. 주석한 지 11년째인 1275년 일연은 무너져가던 인흥사의 전각들을 중수하는 한편 사역을 확장하고, 해당 사실을 충렬왕에게 보고했다. 충렬왕은 마치 보고를 기다리고 있었다는 듯이 절 이름을 인흥사로 바꾸고 금분으로 쓴 친필 현판을 하사하였다. 고려 말의 시인 이숭인이 인흥사에서 지은 시에서 "충렬왕이 하사한 금분으로 쓴 현판[金書烈祖賜額]"이라 한 것이 바로 그것이다. 아버지 원종이 일연에게 호감을 가지고 있었듯이, 원종의 아들 충렬왕도 일연에게 각별한 호감을 가지고 있었음을 확인할 수 있는 대목이다.

인흥사를 중창한 일연은 이어서 비슬산 동쪽에 있는 용천사를 중수하고 이름을 불일사로 바꾼다. 그뿐만 아니라 불일결사佛日結社라는 결사 단체를 결성하고, 단체의 이념적 지향을 담은 불일결사문佛日結社文을 작성하여 세상에 공표했다. 현재 불일결사문이 전하지 않고 있으므로 구체적인 내용을 알 수는 없다. 하지만 일연이 법맥을 이었다고 표방한 지눌의 정혜결사문定慧結社文처럼 수행의 방향과 타락한 불교계에 대한 개혁 의지를 담은 것일 가능성이 높다. 결사의 이름인 '불일佛日'은 모든 중생을 구제하는 부처의 광명을 비유하는 말이기도 하지만, 지눌의 시호인 '불일보조佛日普照'의 '불일'과도 무관하지 않을 성싶기도 하다. 일연의 제2차 포산 시절에 액자처럼 끼어든 다음과 같은 사건도 있다.

1268년(63세, 원종 9년) 여름 왕명에 따라 선종과 교종의 명망 있는 스님 100명을 운해사에 모아 대장낙성회를 개최했는데, 일연을 주맹으로 초청하였다.

일연이 인홍사에 살고 있었던 1268년 여름 대장낙성회의 주맹으로 초청을 받아 잠시 외출했던 모양이다. 그러나 이 대목에도 풀리지 않는 수수께끼가 많다. 우선 운해사가 어디에 있는 어떤 절인지도 확실하지 않고, 대장낙성회가 구체적으로 어떤 성격을 지닌 모임인지도 알 수가 없다. 만약 팔만대장경의 낙성회라면 조성이 완료된 지 줄잡아 이십 년이 지나갔는데, 이제 와서 새삼스럽게 무슨 낙성회란 말인가. 그것이 아니라면 팔만대장경과는 다른 대장경을 판각하기라도 했단 말인가. 이런저런 추측은 해 볼 수 있지만, 확실한 것은 아무것도 없다.

그러한 가운데서도 알 수 있는 것이 있다면, 일연이 불교계 내에서 차지하는 드높은 위상이다. 왕명에 따라 모인, 선종과 교종의 명망 있는 고승 100명을 대표하여 대장낙성회를 주도할 정도라면, 사실상 일연이 불교계 전체를 대표하는 존재가 되었음을 의미하는 것이기 때문이다. 게다가 7년 전에 그를 선월사로 불러올렸던 원종이 아직도 일연에게 시선을 고정하고 있다는 점에서, 그의 정치적 위상을 짐작해볼 수도 있을 것이다.

비문에 나와 있지는 않지만 일연은 인흥사에 주석하면서, 필요한 책을 간행하거나 기획하는 데도 시간과 열정을 들였던 것 같다. 이제 채상식의 연구 결과를 토대로 하여 인흥사에서 간행된 서적들을 살펴보고, 그 출간 배경에 대한 나의 견해를 덧붙여 보기로 한다. 이에 앞서 언급해두고자 하는 것은 일연이 세상을 떠나기 직전까지도 중요한 서적을 간행하는데 각별한 관심을 가지고 있었다는 점이다. 이에 대해서는 다음 글을 통해 그 대강을 확인할 수 있다.

내가 지난해(1289년) 봄에 국사(일연을 말함)에게 문안하기 위하여 인각사에 갔더니, 국사께서 나에게 이렇게 말했다. "『인천보감人天寶鑑』은 학자들이 참으로 보배롭게 여기는 책이다. 그러므로 내가 판각을 하여 보급하고자 하는데, 자네가 필사를 해 줄 수 있겠는가?" 하지만 당시에 나는 눈이 어두워서 필사할 수 없다고 사양했다. 가을이 되어 국사께서 세상을 떠나셨으므로 내가 추모하고 그리워하며 마음속으로 이르기를, "국사께서 판각을 하고자 하셨으나 내가 필사하지 못하여 결국 판각하지 못했으니, 이 책이 보급되지 못한 것은 나의 죄다. 내 비록 눈이 캄캄하긴 하지만 억지로라도 써야겠다"라고 하고, 이 책을 필사하여 간행에 붙였다. 지원至元 27년 경인년(1290년) 7월 8일 포산包山의 선린善 이 적음.

포산, 즉 비슬산의 선린이 1290년에 『인천보감』이란 책을 간행하면서 그 간행 경위를 서술한 발문이다. 그는 일연비의 뒷면에 기록된 무수한 제자들 가운데 6번째로 등장하는 비중이 매우 높은 인물로서, 일연의 비를 세울 때 인홍사에 주석하고 있었던 대선사였다. 그러므로 위의 글에서 말하는 포산을 좀 더 구체적으로 표현하면 비슬산에 자리 잡은 인홍사라 해도 무방하다.

　　이 발문은 무엇보다도 스승이 살아계실 때, 자신을 통하여 이루고자 했던 일을 이루어드리지 못했던 제자 선린의 뼈아픈 후회와 반성이 담긴 진솔한 고백이 사람의 가슴을 짠하게 한다. 게다가 이 글을 쓴 7월 8일이 무슨 날이던가? 앞에서 이미 언급한 것처럼 7월 8일은 바로 일연이 세상을 떠났던 날이다. 그러니까 이 책은 선린이 존경하는 스승의 일주기 추모 사업으로 간행한 것이 분명하다는 점에서, 다시 한번 우리들의 가슴을 뭉클하게 한다.

　　여기서 말하는 『인천보감』은 후세 사람에게 귀감이 되는 스님들의 덕행과 행적을 담은 책이다. 주로 천태종天台宗 계열 스님들의 이야기지만, 불교와 관련이 없는 내용도 포함되어 있다. 선종에 관한 내용이 전혀 없는 것은 아니지만, 선종과의 관계가 상대적으로 희박한 책이라고 할 수 있다. 그럼에도 불구하고 가지산문에 속한 당대의 대표적 선승이었던 일연의 『인천보감』에 대한 애정이 정말 남달랐던 것 같다. 인용문에서 보다시피 일연은 세상을 떠나기 불과 몇 달 전까지도 이 책을 간행하기 위해 애를 썼으며, 이 책이 우리나라에 전해져서 보급된 경위에 대한 기록을 남겨두기도 했다. 대중의 교화를 위한 서적 간행에 대한 일연의 깊은 관심을 엿볼 수 있는 대목이다.

이러한 점에서 크게 주목되는 것은 일연이 인흥사 주지로 재임하던 무렵에 인흥사에서 기획하여 간행한 것으로 추정되는 책들의 목판이 두 종류나 남아 있다는 사실이다. 고작 두 종류 밖에 남아 있지 않은 것을 가지고 웬호들갑이냐고 반문을 할 수도 있겠지만, 그렇게 생각하고 말 일은 아니다. 고려시대에 간행된 책이 남아 있는 것도 결코 흔한 일이 아니지만, 그 목판 자체가 남은 것은 매우 드물어서, 두 가지가 남아 있는 것도 적게 남은 것이 결코 아니기 때문이다. 책판이 다 남아 있으면 국보로, 일부만 남아 있으면 보물로 지정되어 있는 것도 그 희귀성을 반영하고 있음은 말할 것도 없다. 그 두 종류 가운데 1275년 2월에 간행된『법화경보문품法華經普門品』목판(1982년 국보로 지정)에는 간행처가 명기되어 있지 않다. 그러나 이 책의 필사자筆寫者가 인흥사에 주석하고 있었던 일연의 제자 선린임을 고려한다면, 인흥사에서 간행되었을 가능성이 대단히 높다. 다른 하나인『역대연표歷代年表』목판(1982년 보물 지정)은 일연이 인흥사를 떠나 운문사 주지로 부임한 다음 해인 1278년에 인흥사에서 간행되었다. 그러나『삼국유사』와 관련되어 있을 가능성이 높은 역사에 관한 책이라는 점에서, 인흥사 주지였던 일연의 의도와 기획에 따라 편찬·간행되었다는 것이 학계의 보편적인 시각이다. 그밖에 일연이 인흥사를 떠난 후에 그의 제자들이 인흥사에서 간행한 것으로 보이는 책도 두 종이나 남아 있다. 앞에서 언급한『인천보감』목판(1982년 국보 지정)에는 간행처가 명시되어 있지 않지만, 인흥사가 있는 포산의 선린이 필사한 것으로 보아 인흥사에서 간행된 것이 거의 분명하다. 1293년에 간행된『대비심다라니

경大悲心多羅尼經』은 인홍사에서 판각되었음이 명시되어 있다. 인홍사가 임진왜란 때 폐사되어 버렸는데도 일연이 주지로 부임한 후에 간행된 여러 종류의 책판과 책들이 전해지고 있는 것을 보면, 실제로 인홍사에서 간행된 책이 꽤 많았을 가능성도 배제할 수 없다.

인홍사에서 간행된 책 가운데서 단연 주목되는 것은 『역대연표歷代年表』다. 『역대연표』는 중국 역대의 왕명과 연호를 정리하고, 삼국과 고려의 왕명과 재위 연수를 기록한 연표다. 그동안 『역대연표』와 『삼국유사』 왕력 편王曆篇 사이에 세부적인 차이점이 있다는 것을 근거로 하여 이 두 책은 서로 관계가 없는 독자적인 책이라는 견해들도 있었다. 하지만 『삼국유사』의 편찬자인 일연이 주지로 머물렀던 인홍사에서 『삼국유사』와 무관하게 역사 서술에 가장 기본적이고도 필수적인 자료인 연표의 간행을 기획한다는 것은 정말 상상하기 어려운 일이다. 따라서 채상식이 이미 언급한 것처럼 『역대연표』는 『삼국유사』 찬술을 위한 준비 작업의 하나로 편찬되었다고 보는 것이 상식적이고 합리적일 것이다.

인홍사에서 이러한 여러 가지 책들이 간행될 수 있었던 배경은 무엇일까? 앞에서도 이미 언급한 것처럼 일연 비문의 뒷면에 새겨진 그의 제자들 가운데 다수가 팔만대장경의 판각에 참여한 승려 신분의 각수였다. 그들이 각수로 참여한 시기는 모두 일연이 정림사에 부임한 1249년 이전이었다. 그러므로 그들은 민간인 신분으로 판각에 참여했다가 일연을 만나 승려가 된 사람들이 아니라, 원래부터 승려였는데 일연이 정림사 주지로 부임한 이후 일연의 제자가 되었던 사람들로 판단된다.

그들 가운데는 일연의 비를 세울 때, 대선사 2명, 선사 3명, 수좌首座 1명 등 고위직에 있었던 승려들도 여러 명 포함되어 있었고, 그들은 각각 다른 절에서 살고 있었다. 일연의 비가 세워진 것은 팔만대장경 사업이 완료된 지 무려 40여 년 뒤의 일이었다. 만약 팔만대장경 판각 사업이 끝나자마자 이 각수들이 뿔뿔이 흩어져 버렸다면, 40여 년 뒤에 세운 일연의 비에 제자로 등장하기가 매우 어렵다. 요컨대 그들은 참으로 오랜 세월 동안 여러 사찰에서 승려 생활을 하면서 일연과 끈끈한 인간관계를 지속적으로 맺고 있었다고 보는 것이 옳을 것이다.

팔만대장경 조성 사업은 출판에 관한 각종 기술자가 함께 모여서 하는 총체적 공동 작업이므로 각수뿐만 아니라 나무 다듬는 사람, 종이를 만드는 사람, 종이에 필사하는 사람, 종이를 목판에 붙여 찍어내는 사람, 찍어낸 것을 엮어 책 만드는 사람 등 서적의 간행에 관한 다양한 기술자가 두루 참여했음은 말할 것도 없다. 이러한 기술자들 가운데 일연 비의 뒷면에 새겨진 제자에 오른 것이 확인된 사람은 팔만대장경의 경관에다 자신의 이름을 새겨놓은 각수들 뿐이다. 하지만 확인할 방법이 없을 뿐 일연의 제자들 가운데는 대장경 사업에 참여한 다른 분야의 기술자들이 다수 포함되어 있을 가능성이 대단히 높다. 앞에서 언급한 『인천보감』과 『법화경보문품』을 필사한 선린도 그 가운데 한 사람이었을 것이다. 일연이 편찬한 『중편조동오위』가 전해지지 않을까 염려하여 일연에게 간행하기를 요청했던 어느 스님도 같은 경우일 가능성이 높다.

이렇게 볼 때 일연은 언제든지 함께 모여 책을 간행할 수 있는 다양한 기술을 가진 다수의 출판 전문가를 제자로 거느리고 있었음이 거의 분명하다. 그들은 평상시에 각각 이런저런 사찰에 흩어져서 수행하다가, 책을 간행할 일이 있으면 다 함께 모여 비교적 손쉽게 책을 간행할 수 있었을 것이다. 책의 간행이 대단히 어려웠던 시절에 일연과 그의 제자 선린이 주석하고 있었던 인홍사에서 여러 가지 서적이 간행될 수 있었던 것도 이러한 맥락에서 이해할 수 있을 것 같다.

3장

운문사에서
인각사까지

충렬왕을 만나다

인흥사와 용천사 등 비슬산에서 다시 13년을 머문 일연은 1277년 충렬왕의 명령을 받고 고향 경산의 지척에 있는 청도 운문사의 주지로 부임하게 된다. 비문에는 그때 상황이 다음과 같이 기록되어 있다.

충렬왕이 즉위한 지 4년째 되는 정축년(72세, 1277: 실은 충렬왕 3년임)에 조칙을 내려 운문사에 머무르게 하니 오묘한 사상을 크게 떨쳤다.

운문사 건너편의 아찔하기 짝이 없는 바위산 위에 자리 잡고 있는 북대암北臺庵에서 내려다보면, 운문사는 고

래등 같은 기와집들이 빼곡하게 들어서 있는 거대한 사찰이다. 여승들이 모여서 수행하는 전국 최대 규모의 승가대학이 설치된 곳이니, 그럴 수밖에 없는 일이다.

"지이시임 귀며어엉례에~ 삼계에 도오사아 사아생 자부우 시아아 본사아 서어가아모니 부우울~"

수많은 여승이 새벽마다 찬물로 세수를 하고 공명통이나 다를 바가 없는 대웅전으로 들어가서, 청아한 목소리를 한데 모아 예불을 올리는 장중하기 짝이 없는 메아리 소리다. 그러나 이것은 현재의 운문사의 모습일 뿐, 일연이 머물던 당시의 운문사 모습은 아니다. 운문사는 고려 전기에 세상을 떠난 뒤 국사로 추증된 왕사王師인 학일學一(1052~1144)이 주석하면서 가지산문의 중심 사찰로 크게 성장하기도 했지만, 무신 집권기에 운문사를 중심으로 하여 일어난 김사미金沙彌의 난으로 쑥대밭이 되어버렸던 것이다.

그러므로 일연이 운문사에서 했던 일은 '오묘한 사상을 크게 떨치는' 데 그친 것만은 아닌 것 같다. 『삼국유사』에는 일연이 운문사에 부임하여 운문사의 영역과 운문사에 토지를 바쳤던 사찰 등 운문사에 관한 각종 문서를 조사한 흔적이 여러 곳에 나타나고 있다. 그가 이런 문서를 뒤적인 것은 쑥대밭이 된 운문사의 역사를 정리하고, 경제적 토대를 복원하려는 기초 자료 확보를 위한 것으로 볼 수 있다. 그러니까 운문사 시절의 일연은 수행에만 전념하는 고답적인 승려가 아니라, 운문사를 다시 가지산문의 중심 사찰로 돌려놓는 일에도 정성을 다한 것으로 보고 있다. 이런 일연의 모습을 멀리서 지켜보고 있던 충렬왕은 드디어 그에게 짤막한 시로 구성된 연애편지(?)를 써서 보낸다.

임금이 일연에게 마음을 기울임이 날마다 깊어져서 시를 지어 그에게 부쳤다. "밀전密傳에 어찌 구의摳衣가 필요하랴만 密傳何必更摳衣 / 금지金地에 계신 스님 초대하여 만날 수 있다면 이 또한 기이한 일 아니겠소. 金地逢招亦是奇 / 연공璉公을 궁궐에서 맞이하고 싶은 마음 간절하건만 欲乞璉公邀闕下 / 스님께선 어찌하여 늘 흰 구름 일어나는 나뭇가지만 좋아하시는지요? 師何長戀白雲枝."

위의 글에서 단연 주목되는 것은 일연에 대한 충렬왕의 짝사랑(?)이다. 이 점은 "일연에게 마음을 기울임이 날마다 깊어졌다"라는 직접적인 진술에서도 드러나 있지만, 그가 일연에게 보냈다는 시에서 더욱 구체적인 모습을 드러낸다. 충렬왕이 시를 쓰는 시인이었나? 그렇다. 충렬왕은 유달리도 문학을 애호한 왕으로서, 김구, 조명, 이송진 등과 주고받은 한시를 모은 시집인『용루집龍樓集』을 남겼던 시인이기도 한데, 위의 시를 통해서도 그의 시적 역량을 짐작해볼 수 있다.

인용된 시의 1~2구를 이해하기 위해서는 먼저 여기에 등장하는 시어를 설명해야 할 것 같다. 제1구에 등장하는 '밀전'이란 말부터가 어려운데, 도道는 얼굴을 마주 대고 직접 가르쳐줄 수 있는 것이 아니라 이심전심以心傳心으로 은밀하게 전하는 것이라는 뜻이다. '구의摳衣'는 제자가 스승 될 사람에게 존경심을 드러내기 위하여, 옷자락을 걷어 올리며 인사를 하여 제자의 예를 갖추는 것을 말한다. 2구에 등장하는 '금지金地'는 절을 가리키는 말인데, 여기서는 절에 계신 스님 곧 일연을 가리키는 것으로 보인다. 그러니까 1~2구를 산문적으로 설명하면, '도는 은밀하게 전하는 것이므로 꼭 스승을 직접 만나 제자가 되는 형식이 필요한 것은 아니지만, 절에 계신 스님을 궁궐로 초대하여 만날 수 있다면 이 또한 대단히 기이한 일'이라는 의미가 된다. 한마디로 말하여 일연을 궁궐에서 한번 만나고 싶으니 찾아와 달라는 의사 표현이다. 1~2구에서 우회적으로 표현된 국왕의 마음은 3~4구에서 더욱 구체적으로 드러난다. 3구에서 말하는 연공璉公은 운문종雲門宗에 속한 중국 송나라의 고승 회련懷璉(1009~1090)을 말한다. 송 인종仁宗의 초청을 받고 궁궐에 나아가 설법을 하자, 인종이 크게 기뻐하여 대각大覺이란 호를 내렸다는 일화가 전해지고 있는 인물이다, 물론 여기서는 회련의 모습 위에 일연의 모습을 슬며시 겹쳐놓았다. 그러니까 3~4구는 운문종 승려 회련은 궁궐로 들어와 설법을 잘도 했는데, 운문사의 승려 일연은 어찌하여 초청을 해도 오지 않고 항상 흰 구름 일어나는 나뭇가지, 그 탈속의 공간에서 혼자 노닐고 있느냐는 뜻이 되겠다. 보다시피 이 대목의 행간에는 충렬왕이 이미 전에도 일연을 궁궐로 초청했으나, 그 초청을 일연이 묵살하고 응하지 않았음이 은연중에 드러나 있다. 게다가 이 시도 결국 일연에게 어서 궁궐로 달려오라고 손짓하고 있는 충렬왕의 초청장이나 다름없다. 왕은 어서 오라고 거듭하여 손짓을 하고 있는데 일연은 한사코 딱 버티고 있으니, 이것이 짝사랑이 아니고 뭔가. 이처럼 짝사랑에 애태우던 충렬왕은 궁궐이 멀어서 못 오겠다면 가까이 있는 행재소行在所(임금이 서울을 떠났을 때의 임시 거처)로 오라고 초청 아닌 명령을 내린다.

1281년(76세, 충렬왕 7년) 여름, 동쪽 정벌로 인하여 왕의 수레가 동도東都(경주)에 거둥하게 되자, 왕은 일연에게 조칙을 내려 행재소로 오도록 했다. 일연이 이르자 자리에 오르도록 청하고, 높이며 공경하는 마음을 갑절로 드러내었다. 그리하여 스님의 불일결사문을 취하여 서명, 날인하고 불일결사에 가입하였다.

일연에 대한 충렬왕의 각별한 존경심이 더욱 구체적

으로 드러나는 대목이다. 무엇보다도 일연이 조직한 불일결사에 충렬왕이 국왕의 신분으로서 직접 가입했다는 것은 하나의 사건이다. 국왕이 특정 종교단체에 직접 가입하는 것은 극히 이례적인 일이기 때문이다. 일연에 대한 충렬왕의 신뢰와 존경심이 얼마나 컸는지를 짐작하게 하는 대목이 아닐 수 없다. 게다가 국왕의 가입은 한기문이 언급한 대로 정치권 인사들의 가입을 유도하는 결과를 불러오기도 했을 것이다.

　　인용문에서 말하는 '동쪽 정벌'은 여원연합군麗元聯合軍의 제2차 일본 정벌을 가리킨다. 여원연합군은 그보다 7년 전인 1274년에도 일본을 정벌했지만, 일본 사람들이 가미카제[신풍神風]라고 부르는 난데없는 태풍을 만나 처참하기 짝이 없는 패배를 맛보고 쓸쓸하게 발걸음을 돌린 적이 있었다. 그 사이에 세계 제일의 문명국을 자부하던 남송南宋을 완전히 무너뜨린 원의 세조 쿠빌라이는 세계 제국의 건설이라는 원대한 목표를 달성하는 데 장애물로 남아 있는 일본을 그대로 둘 수가 없었다. 이러한 상황에서 원나라가 고려의 등을 힘껏 떠밀어 함께 일으킨 전쟁이 여원연합군의 제2차 일본 정벌이었다.

여원연합군의 일본 정벌은 고려의 이익과는 전혀 무관하게, 오로지 원나라의 야욕을 달성하기 위한 전쟁이었다. 하지만 고려는 군대 파병은 물론이고 전쟁에 필요한 함선과 군량미, 기타 군수 물자들을 부담해야 했기 때문에, 정말 내키지 않는 전쟁이었다. 특히 이 전쟁을 준비하는 과정에서 여원연합군의 일본 정벌 통로였던 영남 지역의 민중이 겪은 고초는 이루 말할 수가 없었다. 이 점은 그 어떤 역사 자료보다도 원감국사圓鑑國師 충지沖止가 지은 「영남간고상嶺南艱苦狀」이라는 한시를 통해서 단적으로 확인할 수 있다.

嶺南艱苦狀 **영남의 어렵고 고통스러운 모습**

欲說涕將先 **말하려니 눈물이 먼저 왈칵 쏟아지네**

兩道供軍料 **두 도에서 군량미를 공급하고**

三山造戰船 **세 산에서 전선을 만든다네**

征徭增百倍 **세금과 요역徭役(세금을 내는 대신 하는 노동)은 백배나 늘어났고**

力役亘三年 부역은 삼 년이나 계속되고 있다네

星火徵求急 성화처럼 급하게 무얼 하라 요구하고

雷霆號令傳 우레처럼 호령이 전달되네

使臣恒絡繹 사신은 뻔질나게 이어지고

京將又聯翩 서울(개경)의 장군들이 잇달아 달려오네

有臂皆遭縛 팔이 있어도 모두 묶여 있고

無胰不受鞭 채찍을 맞지 않은 등짝이 없네

尋常迎送慣 맞이하고 보내는 일 심상한 일이 되고

日夜轉輸連 밤낮으로 수송이 이어지네

牛馬無完脊 등뼈가 완전한 소와 말이 없고

人民鮮息肩 어깨를 쉬고 있는 인민도 없네

凌晨採葛去 꼭두새벽 칡을 캐러 나가고

踏月刈茅還 달빛 밟으며 띠 베어 돌아오네

水手驅農畝 뱃사공을 논밭으로 몰기도 하고

梢工卷海堧 뱃사람을 바닷가 빈 땅으로 몰기도 하네

抽丁擐甲冑 남정네 뽑아서 갑옷 입혔고

選壯荷戈鋋 장정을 골라서 창을 매라 하네

但促尋時去 때맞춰 나가라 빗발같이 독촉하니

寧容寸刻延 **촌각인들 어찌 지체할 수 있겠는가**

妻孥啼躄地 **처자식은 땅을 치며 울어대고**

父母哭號天 **부모님 하늘 부르며 통곡을 하네**

　　여원연합군의 제2차 일본 정벌 1년 전인 1280년 영남 지역에서 전쟁 수행에 필요한 전함을 만드는 것을 보고 지었다는 장편 고시의 일부다. 보다시피 당시 영남 지역은 곳곳마다 눈물로 가득했고 구석구석 한숨 소리가 끊이지 않았다. 그러나 당시 고려와 원나라의 역학관계를 생각하면, 피하고 싶다 해서 마음대로 피할 수 있는 전쟁이 아니었다. 그러므로 충렬왕은 울면서 겨자를 먹듯이 자진하여 정동행성征東行省(원나라의 일본 원정 사령부)의 우두머리가 되어, 이왕이면 원나라의 마음에 쏙 들도록 용감무쌍하게 들러리를 설 수밖에 없었다. 그는 1281년 4월 15일 연합군의 출발 기지인 마산 합포에 도착하여, 4월 18일 출정하는 군대를 사열했다. 마침내 5월 3일, 흔도·홍다구·김방경 등이 이끄는 여원연합군을 일본으로 전송한 충렬왕은 개경으로 돌아가다가 한동안 경주에서 발길을 멈췄다.

원하지도 않는 전쟁에 용감무쌍하게 들러리를 서는 바람에, 몸과 마음이 파김치가 된 충렬왕은 착잡한 심정으로 경주에 도착하여, 운문사 주지 일연을 행재소로 부른다. 충렬왕은 왜 일연을 경주로 불렀을까? 아마도 짝사랑 때문이었을 것이다. 이럴 때 짝사랑을 만나 파김치가 된 몸과 마음을 위로받는 한편, 앞으로 이 나라를 어디로 끌고 가야 할지를 묻고 싶었을 가능성도 있다. 영남에서 활동하고 있는 당대의 고승 일연의 손을 빌려 부글부글 끓는 영남의 민심을 다독이고 싶었던 정치적 계산이 깔려 있을 것이라는 견해도 있다. 게다가 『고려사』에 수록된 다음과 같은 당시 상황도 일연을 만나고 싶었던 또 다른 이유가 되었을지도 모르겠다.

1281년 6월 계미일에 충렬왕이 경주에 머무르면서, 승려들을 승직僧職에 임명했다. 승려들이 왕의 주변에 있는 사람들께 각종 비단을 뇌물로 주어 승직을 차지하니, 세상 사람들이 그들을 가리켜 '비단 선사', '비단 수좌'라고 비아냥거렸다. 그들 가운데는 장가를 들어 가정을 꾸린 자가 태반이나 되었다.

　　선후 관계를 자세하게 알 수는 없지만, 일연이 왕의 부름을 받고 경주의 행재소로 달려갔던 바로 그 무렵에 일어난 일이다. 승려들로부터 각종 비단을 뇌물로 받고, 그들을 승직에 임명되도록 알선해주는 왕의 측근들은 정말 문제가 많아도 너무 많다. 하지만 승려의 신분으로서 승직을 차지하기 위하여, 왕의 측근 인사들에게 각종 비단을 뇌물로 주어 '비단 선사', '비단 수좌'라는 비아냥거리는 말을 들었던 승려들은 입이 열 개라도 할 말이 없다. 그들은 더 이상 성직자가 아니라 세속적 자기의식에 함몰된 속물적인 인간들일 뿐이다. 왕의 측근들과 승려들 사이에서 벌어지는 이와 같은 짜고 치는 고스톱식의 약속 대련을 왕도 대강 눈치를 채고는 있었을 것이다. 사회는 수습을 할 수 없을 정도로 온통 진흙탕이었고, 도도하게 흐르는 탁류 바로 그 자체였다. 하지만 그러면 그럴수록 하수구 속에서도 의연하게 살고 있는 금붕어가 귀하게 느껴지고, 진흙탕 속에 살고 있으면서도 진흙탕에 물들지 않고 곱게 피어나는 연꽃의 고고한 격조가 귀하게 느껴지기 마련이다. 이것이 바로 충렬왕이 첩첩산중 운문사에 살고 있던 일연을 다급하게 불러낸 또 다른 이유가 아닐까 한다.

하지만 충렬왕을 처음 만났을 때, 일연이 받은 충격은 참으로 엄청나지 않았을까 싶다. 왜 그러냐고? 원나라에 충성을 다한다는 의미에서 '충忠' 자를 붙인 최초의 왕인 충렬왕! 그는 세자 시절 원나라에 머무르다가 귀국할 때, 솔선수범하여 원나라식 머리 모양인 변발辮髮에다 원나라식 복장인 호복胡服을 입고 나타나서, 백성들로 하여금 탄식하고 흐느껴 울게 만들었던 바로 그 사람이 아니던가. 충렬왕의 이와 같은 행위는 물론 원과의 동화同和를 자발적으로 보여줌으로써, 원나라 천하에서 고려의 위상을 조금이라도 더 높이려는 외교적 고육지책이었겠지만, 고려 사회에 몽골풍을 대대적으로 유행시키는 결과를 초래했음은 말할 것도 없다. 첩첩산중인 운문사에 있었던 일연도 소문으로 이러한 상황을 들었을 수는 있겠지만, 막상 변발에다 호복 차림을 한 국왕이 눈앞에 나타났을 때, 망치로 뒤통수를 맞는 듯한 아찔한 충격과 망연자실의 비감을 금할 수가 없었을 게다.

망치로 뒤통수를 맞는 듯한 아찔한 충격과 망연자실의 비감을 금할 수 없는 일이 이것 하나밖에 없었던 것도 아니었다. 일연은 충렬왕의 부름을 받아 경주에 갔을 때 호국의 상징인 황룡사를 참배한 적이 있었는데, 아마도 그때 그가 받았을 충격은 망연자실을 훨씬 능가했을 것이다.

앞에서도 잠깐 언급한 것처럼, 일연은 33세 이전의 젊은 시절에 실로 장엄하기 짝이 없는 황룡사를 직접 목격한 적이 있었다. 경주 분지의 한복판에 자리 잡은 광활한 터에 떡하니 버티고 있는 황룡사! 그 황룡사에는 높이가 대략 80m에 달하는 9층 목탑이 호국의 상징으로 허공을 향하여 우뚝하게 서 있었을 터다. 그리고 9층탑 바로 뒤에는, 인도의 아쇼카왕조차도 만들지 못한 것을 진흥왕이 단숨에 완성한, 신라의 자부심인 장육존상丈六尊像을 모신 금당金堂이 웅장한 모습으로 자리 잡고 있었을 것이다. 구층탑 앞 종각에는 이른바 에밀레종 무게의 무려 네 배도 넘는 거대한 종이 걸려 그 장중한 종소리가 서라벌에 메아리쳤고, 금당 뒤에는 이곳이 전불시대前佛時代(현세불인 석가모니 이전에 나타난 과거불 시대)부터 가람터였음을 증명하는 가섭불의 연좌석이 딱 버티고 있었다.

하지만 일연이 1281년에 다시 황룡사를 찾았을 때, 황룡사에는 구층탑과 장륙존상, 거대한 종 등은 말할 것도 없고, 황룡사를 구성하던 모든 것이 깜쪽같이 사라지고 없었다. 그 사이에 문화의 파괴자인 몽골군들의 난데없는 방화로 인하여 황룡사는 완전 불바다가 되어버렸고, 그리고도 40년이 넘는 세월이 흐르는 동안 황룡사 터는 쓸쓸하기 짝이 없는 폐허로 돌변하고 말았던 것이다. 이런 상황 앞에서 일연이 받은 엄청난 충격을 어찌 '망연자실'이라는 한마디 말로 간단하게 표현할 수 있겠는가. 그는 만감에 젖은 표정으로 처음 황룡사를 참배했을 때 적어둔 기록에다, 폐허가 되어버린 현재 황룡사 터 사이의 실로 엄청난 낙차감을 추가한 뒤에, 다음과 같은 말로 마무리한다.

고종 25년 무술년(1238) 겨울에 몽골군의 병화로 황룡사 구층탑과 황룡사와 장육존상을 모신 전각 등이 모두 잿더미가 되어버렸다.

보다시피 일연은 몽골의 야만적인 방화 행위에 대한 울분을 직접적으로 드러내놓고 표현하지는 않았다. 무소불위의 폭력을 휘두르는 몽골 후에 원나라가 시퍼렇게 눈을 뜨고 주시하는 상황이라, 목구멍에 튀어나오려는 말을 이빨을 꽉 깨물며 가까스로 참고 있을 터다. 그러나 이 짤막한 문장의 행간과 행간, 여백과 여백 사이, 그 침묵의 공간에 도저한 메아리로 깔려 있는 저 소리 없는 울분의 함성은 독자의 심금을 울리고도 남을 것이다. 그런 의미에서 침묵의 힘이 웅변보다 훨씬 더 세다는 말이 실감 나는 대목이 아닐 수 없다.

국사에 오르다

진흙탕 속에 있으면서도 진흙탕에 물들지 않은 고고한 격조를 지닌 연꽃을 끝내 잊지 못했음일까? 충렬왕은 드디어 그다음 해 가을에 일연에게 궁궐로 오라는 명령을 내린다.

그다음 해(1282년, 77세, 충렬왕 8) 가을, 충렬왕은 근시인 장작윤將作尹 김군金頵으로 하여금 조서를 가지고 가서 일연을 대궐로 맞이하게 했다. 대궐에서 참선에 관해 설법을 하도록 청함에, 임금의 얼굴에 기쁨이 넘쳐흘렀다. 유사有司에게 칙명을 내려 광명사廣明寺에 머무르게 했다. 광명사에 들어가던 날 한밤중에 어떤 사람이 방장方丈(고승이 거처하는 방) 밖에 서서 "잘 오셨습니다."라고 세 번이나 말하였는데, 막상 살펴보니 아무도 없었다. 겨울 12월에 임금이 수레를 타고, 친히 일연을 찾아가서 불법의 핵심에 대해 물었다.

보다시피 일연이 대궐에서 참선에 대해 설법을 하게 되자, 충렬왕의 얼굴에 기쁨이 넘쳐흘렀다고 한다. 그런데 충렬왕의 기쁨은 어떤 종류의 기쁨일까? 일연의 설법을 듣고 그 무슨 깨달음을 얻은 데서 오는 법열法悅과도 같은 기쁨일까? 혹시 그럴지도 모르겠다. 하지만 이 대목에서 먼저 떠오르는 것은 운문종에 속하는 승려 회련이 송나라 인종의 초청을 받고 궁궐에 나아가서 설법을 하자, 인종이 크게 기뻐했다는 고사다. 그러니까 간절한 초청의 의미를 담은 시까지 지어 보내 봐도, 자발적으로 온 적이 없는 일연이 마침내 자신의 명령을 받고 궁궐에 와서 설법하고 있다는 사실, 충렬왕은 바로 그 사실 자체가 무엇보다도 기뻤을 것이다. 일연이 궁궐의 후원에 자리 잡은 광명사, 태조 왕건의 집터에다 지었다는 바로 그 절에 머무를 수 있도록 특별한 조치를 내린 것도 같은 맥락에서 이해된다.

광명사로 들어가는 날 한밤중에 있었다는 기이한 일은 일연이 범상하지 않은 인물임을 두루 각인하는 서사敍事로서의 효과를 톡톡히 발휘했을 터. 그리하여 마침내 충렬왕은 일연의 처소로 몸소 찾아가서 불법의 핵심에 대해 묻는다. 『고려사』에는 그 무렵에 재상들이 왕의 질병을 치료하기 위해 일연이 머무르던 광명사에서 법회를 열었다는 기록도 있다. 그 법회의 효과를 톡톡히 본 것일까? 충렬왕은 일연을 국사로 임명하기로 전격적으로 결정하는데, 그 과정은 다음과 같다.

그다음 해(1283, 충렬왕 9년, 78세) 봄에 왕이 신하들에게 이렇게 말했다. "나의 선왕先王들은 모두 승려 가운데 덕이 높은 분을 선정하여 왕사로 삼고, 덕이 더 높은 분을 선정하여 국사로 삼아왔소. 그런데 유독 나에게만 왕사나 국사가 없어서야 되겠습니까. 지금 운문화상(일연을 가리킴)은 도가 높고 덕이 성대하여 사람들이 모두 우르르는 바인데, 어찌 나만 혼자 자비로운 은택을 누리는 것이 옳겠습니까. 마땅히 모든 백성과 함께 누리는 것이 옳을 것입니다." 이에 우승지 염승익에게 왕명을 받들고 가서 온 나라가 스승으로 받드는 예를 행하도록 청했다. 하지만 스님은 글을 올려 굳게 사양했다. 왕은 다시 사신을 보내어 세 번이나 강력하게 요청하는 한편, 상장군 나유 등에게 명하여 국존國尊으로 책봉하고 호를 원경圓徑 충조冲照라고 하였다. 책봉을 끝내고 4월 신묘에 대궐로 맞아들여, 몸소 백관을 거느리고 옷자락을 걷어 올려 제자가 되는 예를 행했다. 국사라는 호칭을 고쳐 국존이라고 한 것은 원나라에서 사용하는 국사라는 호칭을 피하기 위해서다.

국사와 국존에 대한 문제를 언급한 맨 마지막 문장에 대한 설명부터 먼저 하기로 하자. 고려의 역대 왕들은 건국 초부터 대외적으로는 자기 자신을 왕이라고 낮추어 부르면서도 대내적으로는 황제를 표방하였다. 이른바 외왕내제外王內帝가 바로 그것이다. 따라서 고려의 관직 제도는 기본적으로 황제국인 중국과 같은 것이었으며, 폐하, 태자 등 왕실에서 사용하는 용어도 황제국의 용어를 그대로 사용해 왔다. 그러나 일연이 국사로 임명되었을 때는 원나라가 고려의 일거수일투족을 주시하고 있었던 원 간섭기였고, 이 시기에는 원나라의 지시에 따라 황제국에서 사용하는 용어들을 우리 마음대로 사용할 수 없었다. 따라서 그동안 사용해 오던 관직 제도가 근본적으로 재편성되는 과정에서 관직의 명칭이 크게 격하되었으며, 황제국에서 사용하는 용어인 폐하와 태자는 제후국의 용어인 전하와 세자로 바꾸어 사용하게 했다. 국사와 국존의 관계도 마찬가지다. 황제국인 원나라에서 국사를 국사라고 부르고 있었으므로, 고려에서는 그동안 사용하던 국사 대신에 국존이라는 새로운 단어를 만들어 부를 수밖에 없었던 것이다. 한마디로 약소국의 비극이 아닐 수 없다.

이와 같은 비극적 상황에 따라 민지가 왕명을 받고 지은 공적인 성격의 글인 이 비문은 물론이고 산립山立이 지은 일연 비석의 뒷면 기록, 게다가『삼국유사』에도 일연을 국존으로 표기하고 있다. 그러나 비석의 제액題額(비석의 상단부나 머릿돌 복판에 새긴 비석의 명칭)에 '보각국사비명'이란 글자가 새겨져 있을 뿐만 아니라, 일연의 부도에도 '보각국사정조지탑'이라 새겨져 있고, 1290년 일연의 제자 선린이 지은 『인천보감』 발문'에도 '국사'로 표기되어 있다. 국가의 공식적인 입장에도 불구하고, 비자주적이고 몰주체적인 조정의 조치에 대한 당시 고려인들의 불만과 저항 정신을 엿볼 수 있는 대목이다. 『나는 일연이다』라는 제목이 붙은 이 책에서 국존 대신에 국사라는 용어를 사용하고 있는 것도 이와 같은 저항 정신을 계승하는 의미임은 말할 것도 없다.

인용한 글에 등장하는 충렬왕의 말에서도 살펴볼 수 있듯이, 국사는 격이 왕사보다 한 단계 더 높은 존재다. 문자 그대로 왕사가 왕의 스승이라면, 국사는 왕을 포함한 모든 백성의 스승이기 때문이다. 그러므로 어떤 고승을 왕사나 국사에 임명할 때, 일단 왕사로 임명했다가 다시 국사로 임명하거나, 별세한 후에 국사를 추중하는 것이 일반적이다. 그런 점에서 충렬왕이 일연을 대뜸 국사로 임명하는 다소 이례적인 조치를 내린 것은 일연에 대한 신뢰와 애정이 그만큼 깊었음을 의미할 게다.

이제 국사에 오름으로써 일연은 불교계 전체를 대표

하는 상징적 존재이면서, 모든 백성의 정신적 지도자가 되었다. 하지만 국사로 임명되는 과정이 순조롭게 착착 진행된 것은 아니었다. 보다시피 일연이 여러 번에 걸쳐 완강하게 사양했기 때문이다. 액면 그대로 받아들이면, 일연은 하기 싫은 국사직을 '울며 겨자 먹기'로 떠맡게 된 것이나 다를 바가 없다. 일연의 사양은 정말 진심에서 우러난 것이었을까? 아니면 왕사나 국사에 임명되면 일단 사양하고, 세 번 다시 요청하는 것이 관례처럼 되어 있었던 상황 속에서의 형식적 제스처에 불과한 것이었을까? 속단하기는 어렵겠지만, 아마도 진심에서 우러난 사양일 것이다. 이렇게 말할 수 있는 근거를 이어지는 비문에서 찾을 수 있다.

스님은 본디 서울(개경을 말함)을 좋아하지 않았던 데다가 어머니가 늙으셨기 때문에 고향으로 돌아가길 애걸했는데, 말하는 뜻이 매우 간절했다. 임금이 그 뜻을 어기기가 어려워서 어쩔 수 없이 허락하고, 근시인 좌랑 황수명에게 명령을 내려서 보호하여 모시고 가도록 했다. 그리하여 산을 내려가서 어머님을 편안하게 해 드리니, 조야에서 모두 희귀한 일이라고 찬탄하였다.

보다시피 일연은 국사로 임명되자마자 '애걸'을 한 끝에 서울을 떠나게 된다. '애걸'이란 표현을 사용한 걸 보면 여러 번 간절하게 빌었던 모양이다. 거기에는 두 가지 이유가 있었는데, 그 가운데 하나가 '본디 서울을 좋아하지 않았다'는 것이었다. 이 대목에서 자연스럽게 떠오르는 것은 일찍이 일연이 원종의 명을 받고 강화도의 임시 서울 강도로 불려가 3년 동안 선월사에 머무르다가, '여러 번 요청'한 끝에 오어사로 떠났던 장면이다. 어디 그뿐이랴. 충렬왕이 스스로 시까지 지어 보내면서, 만나고 싶다는 의사를 표현해도 일연이 묵살했던 장면도 있다. 이런 사실을 종합해보면 일연은 당대의 고승으로서 본의 아니게 국왕의 눈에 들어 국사에 임명되기는 했지만, 정치권 주변을 서성거리면서 권력을 휘두르고 싶어 했던 세속적인 승려는 아니었음이 거의 분명하다. 일연이 승려로서는 최고의 영광인 국사를 극구 사양했던 이유도, 자신에

게 어울리지 않은 삶을 살고 싶지 않았던 데서 찾을 수 있

을 것이다.

효도를 다하다

일연이 서울을 떠나려고 했던 또 다른 이유는 늙으신 어머니에게 마지막 효도를 다하기 위해서였다. 국사의 몸으로 어머니에게 효도를 다하기 위하여 서울을 떠나다니, 이런 사례가 또 있었던가?

다 알다시피 효도는 일반적으로 유교 윤리의 일부로 이야기되고 있다. 하지만 불교에서도 『부모은중경父母恩重經』과 같은 석가모니 말씀과는 아무런 상관없는 가짜 경전까지 만들어가면서, 효를 누누이 강조해 왔다. 그러나 세속을 떠난 입산수도와 어버이에 대한 효도가 아무런 충돌 없이 양립하는 것은 사실상 불가능에 가까운 일이 아닐 수 없다. 그러므로 석가모니가 살아 계실 때부터 출가는 효도의 길을 끊는다는 이유로 사회적 비판을 받아왔다. 유교 윤리의 가장 중요한 부분으로서 효를 존중하던 중국과 우리나라에서는 더욱더 그러하였다.

그러나 승려가 효도와 출가라는 양자택일의 선택 앞에서 어버이를 버리고 입산하는 것은 어쩔 수 없는 일이었으며, 설화의 형태로 전해지는 것도 얼마든지 찾을 수가 있다. 가령 수도를 위하여 어머니와의 세속적 인연을 끊으려는 당나라의 고승 황벽黃檗 희운希運(?~850)의 행위는 결과적으로 어머니를 죽음으로 몰아넣는다. 동산洞山 양개良介(807~869)는 아들에 대한 애착을 버리지 못하는 어머니에게 편지를 보내 칼로 무나 두부를 끊듯 세속 인연을 모질게 끊는다. 현사玄沙 사비師備(835~908)는 언제나 출가를 꿈꾸면서도 아버지 때문에 출가하지 못하고 고기잡이를 하면서 아버지를 모셨던 인물이다. 어느 날 함께 고기를 잡다가 아버지가 물에 빠지자, 이때야말로 출가할 수 있는 절호의 기회라고 생각하고, 물속에서 허우적거리며 살려달라고 애원하는 아버지를 내버려둔 채 입산해버렸다는 전설 같은 이야기도 있다. 어디 중국에서만 그러했겠는가? 근세 한국을 대표하는 고승 가운데 한 분으로서, 불교계의 정화를 주도했던 청담淸潭 스님이 출가하기 위해 해인사로 들어갈 때, 그 출가를 만류하기 위해 따라오는 어머니와 아내에게 돌멩이를 던져 쫓아냈다는 이야기도 있다.

이러한 맥락에서 볼 때, 어머니에게 효도를 다하기 위하여 국사로 임명되자마자 서울을 떠난 일연의 효심은 참으로 남다른 바가 아닐 수 없다. 일연의 비문에도 그의 효성에 대해서 두 번이나 언급하고 있는데, 길이의 제약을 받는 비문에서 효성에 대해 언급한 내용이 두 번이나 나오다니, 이만하면 대서특필이 아닐 수 없다. 그 두 번 가운데 하나는 바로 위의 대목이고 다른 하나는 다음과 같다.

어머니를 봉양함에 순수하여 한결같이 효도했으며 목주睦州 진존숙陳尊宿의 풍모를 사모하여 스스로 목암睦庵이란 호를 붙였다.

여기서 말하는 진존숙(780~877)의 '진'은 그의 속성이고, '존숙'은 학문과 덕행이 뛰어나 남의 사표가 될만한 고승을 가리키는 보통명사다. 흔히 진존숙이라고 부르는 바람에 잘 부르지 않고 있는 그의 법명은 도명道明이다. 그는 황벽 희운의 수좌로 있다가 고향인 목주 용흥사 주지로 옮겨가서, 깊은 밤에 부지런히 삼은 짚신을 곡식으로 바꾸어 어머니를 봉양했던 사람이다. 어머니가 별세한 후에도 삼은 짚신 꾸러미를 남몰래 지고 나가 큰길 가에 서 있는 나뭇가지에다 걸어놓음으로써, 이름 모를 길손을 도왔으므로 진포혜陳蒲鞋(포혜: 짚신)라고 불리는 인물이기도 하다. 말하자면 일연은 진존숙의 이와 같은 소탈하고도 서민적인 정취와 어머니에 대한 각별한 효행을 귀감으로 삼아 그의 고향인 목주의 '목'을 따서 목암이란 자호自號를 지었던 것이다.

일연의 효는 그가 편찬한『삼국유사』에서도 유감없이 드러난다.『삼국유사』는 모두 아홉 개의 편목篇目으로 구성되어 있는데, 그 아홉 개의 편목 가운데 효선 편孝善篇이 포함되어 있다. 효선 편은 중국 역대의 역사책과 고승전을 포함한 그 어떤 책에서도 유례를 찾을 수 없는『삼국유사』만의 독자적인 편목이다. 그러므로 일연이 효선편을 별도로 마련해 둔 이유가 무엇인지 궁금하지 않을 수 없고, 이에 대해서는 이미 다양한 견해들이 제시되어 있다. 하지만 그 가운데 어떤 견해를 주장하든 간에, 일연의 개인적인 효성이 편목 설정의 원초적인 토대라는 것을 부정할 수는 없을 것이다.

효선편에는 의상대사의 10대 제자 가운데 한 사람인 진정眞定, 전세의 어버이와 현세의 어버이를 위하여 석굴암과 불국사를 지었다는 김대성金大城, 굶주리는 아버지를 살리기 위하여 자신의 허벅지살을 끊어 올린 향득向得, 어머니의 음식을 빼앗아 먹는 아들을 땅에 묻어버리려다가 뜻밖에도 돌 종을 얻은 손순孫順, 어머니에게 맛있는 음식을 마련해드리기 위하여 자신의 몸을 부잣집에 판 어느 가난한 여인 등의 효행이 기록되어 있다. 그 가운데서도 특히 주목되는 것은 진정 스님과 그의 어머니 이야기다. 이 이야기는 효행과 출가라는 양립하기 어려운 모순을 초월하는 과정을 감동적으로 보여주고 있을 뿐만 아니라, 아홉 살 때 어머니를 떠나 승려의 길을 걸은 일연

자신의 어머니에 대한 마음이 행간에 도저하게 메아리치고 있다고 판단되기 때문이다. 게다가 이 이야기는『삼국유사』에 수록된 서사 작품들 가운데서도 매우 뛰어난 작품인데, 이토록 아름답고 감동적인 이야기가 아직도 일반 대중의 교양으로 정착되지 못하고 있다는 사실이 아쉽다 못해 안타까울 지경이다.

진정법사眞定法師는 신라 사람이다. 스님이 되기 전에는 군대에 소속되어 있었는데, 집이 가난해서 장가도 들지 못하고 있었다. 복무하는 여가에 품팔이한 대가로 곡식을 얻어 홀로 되신 어머니를 모셨다. 집안의 재산이라고는 오직 다리가 부러진 솥 하나가 전부였다.

어느 날 한 스님이 문 앞에 와서 절을 지을 쇠붙이를 시주하기를 권하였으므로 어머니는 바로 그 솥을 시주해버렸다. 잠시 후에 진정이 돌아오자, 어머니가 솥을 시주했던 경위를 말하고 아들의 마음이 어떠할지를 걱정하였다. 하지만 진정은 기쁜 표정을 지으면서 말했다.

"절을 짓는 일에 시주를 했으니, 그보다 더 다행한 일이 어디 있겠습니까. 비록 솥이 없다고 하더라도 걱정할 게 아무것도 없습니다."

그로부터 진정은 질그릇 동이를 솥으로 삼아 음식을 익혀 어머님을 모셨다.

진정이 일찍이 군대에 소속되어 있을 때다. 어떤 사람으로부터 의상법사가 태백산에서 불법을 가르쳐 사람들을 이롭게 한다는 말을 듣는 순간, 그를 사모하는 마음이 곧바로 일어났다. 그러므로 진정은 어머니께 이렇게 말씀드렸다.

"어머니, 어머님이 돌아가실 때까지 효도를 다한 뒤에, 의상법사에게 몸을 맡겨 머리를 깎고 도를 배우고 싶습니다."

그러자 어머니가 이렇게 말했다.

"아들아, 불법을 만나기는 정말 어렵고 인생은 너무나도 짧은 거란다. 그런데 '효도를 다한 뒤에' 출가한다고 하면, 그때는 이미 때가 늦을 것이다. 내가 죽기 전에 네가 도를 깨쳤다는 소식을 들을 수 있다면, 그게 훨씬 더 좋지 않겠느냐. 우물쭈물하지 말고 빨리 실행에 옮기도록 해라."

진정이 말했다.

"어머님 늘그막에 모시는 사람이라고는 오직 저 하나가 있을 뿐인데, 제가 어떻게 어머님을 버리고 출가를 할 수 있겠습니까."

"아들아, 나 때문에 네가 출가하지 못하게 된다면, 그게 바로 내가 지옥에 떨어질 죄를 짓는 거다. 그러니 내가 살아 있을 때 네가 가지가지 맛난 음식으로 나를 정성껏 모신다 한들 그게 어찌 효가 되겠느냐. 나는 남의 집 문간에서 옷과 밥을 빌어서 살아간다고 하더라도 타고난 수명만큼 살아갈 수 있다. 네가 나에게 정말 효도를 하고 싶으면, 그런 말일랑은 하지 말아라."

어머니의 말에 진정은 오랫동안 골똘하게 생각에 잠겼다. 그러자 어머니는 곧바로 일어나서 자루에 든 곡식을 거꾸로 쏟았더니, 쌀 일곱 되가 달랑 전부였다. 어머니는 즉각 그 쌀 전부로 밥을 지어 주먹밥을 만들어놓고 이렇게 말했다.

"아들아, 네가 밥을 지어 먹으며 어영부영하면서 가다가는, 바로 그 밥 짓는 시간 차이 때문에 도를 깨치지 못할 수도 있다. 그러니 지금 내가 보는 앞에서 그 주먹밥 가운데 하나를 당장 먹고, 나머지 여섯 개는 자루에 넣어서 빨리 가거라, 빨리 가거라."

진정이 눈물을 마시면서 아주 완강하게 사양했다.

"어머니를 버려두고 출가를 하는 것도 자식으로서 차마 할 수 없는 일입니다. 그런데 하물며 겨우 며칠 동안의 끼닛거리조차도 몽땅 싸 들고 떠나가 버린다면, 하늘과 땅이 나를 나쁜 놈이라 할 것 아닙니까."

진정이 세 번이나 사양했지만, 어머니도 세 번이나 권했다. 진정이 마침내 어머니의 뜻을 어길 수가 없어서, 주먹밥을 싸 들고 밤낮으로 달려가서 3일 만에 태백산에 도착했다. 의상법사에게 몸을 맡겨 머리를 깎고 먹물 옷을 입은 뒤에, 그의 제자가 되어 이름을 진정이라 했다.

그로부터 3년이 지난 뒤에 어머님이 돌아가셨다는 소식이 들려왔다. 진정은 가부좌를 틀고 참선에 들어가서 이레 만에야 겨우 일어났다. 진정이 이 이레 동안 무엇을 했는지에 대해서는 여러 가지 견해가 있는데, 어떤 사람은 이렇게 말한다.

"추모하여 상심하다 보니 슬픔으로 몸이 엉망이 되어 거의 견딜 수가 없을 지경이었으므로, 참선의 정화수로 그 아픔을 씻어냈을 것이다."

또 어떤 사람은 이렇게 말한다.

"참선을 통하여 어머니가 어디에 태어나셨는지를 살펴봤

을 것이다."

또 다른 사람은 이렇게 말한다.

"중도中道의 이치로써 어머님의 명복을 빌었을 것이다."

진정은 선정에서 일어난 뒤에 의상에게 어머니의 죽음을 알렸다. 의상은 제자들을 거느리고 소백산의 추동錐洞으로 가서, 3천 명의 무리를 모아 약 90일간 『화엄경華嚴經』을 강의하였다. 의상의 제자인 지통智通이 강의하는 순서대로 그 핵심을 모아 2권의 책을 만들고 책의 제목을 『추동기錐洞記』라 했는데, 지금도 이 책이 세상에 유통되고 있다.

마침내 강의가 끝났을 때, 진정의 꿈에 어머니가 나타나서 이렇게 말했다.

"아들아, 나는 이미 하늘나라에 태어났단다아~."

사랑하기 때문에 하는 행위 중에도 알고 보면 그것이 사랑이 아니라 상처가 되는 경우가 있듯이, 효도라고 생각하고 하는 행위 중에도 불효가 되는 경우가 있다. 효도는 기본적으로 부모님의 마음을 기쁘게 해 드리는 행위이므로 행위의 주체는 자식이지만, 그것이 진정한 효도인지를 판단하는 기준은 부모님의 마음이다. 그럼에도 불구하고 홀로 되신 어머니를 끝까지 모신 뒤에 입산하겠다고 있는 힘을 다해 버티고 있는 아들과, 살아생전에 아들이 도를 깨치는 걸 보고 싶어서 하루라도 빨리 출가하라고 독촉하고 있는 어머니의 모습은 둘 다 아름답다. 하지만 그런 아들을 끝까지 설득하고, 가진 것을 남김없이 모두 주면서 수도의 길로 나서기를 독촉하는 어머니의 사랑은 더욱더 위대하다. 더구나 아들이 밥을 해 먹으며 어영부영하면서 길을 가다가, 지체되는 시간만큼 시간이 모자라서 혹시라도 도를 깨치지 못할까 봐, 주먹밥 일곱 덩이를 한꺼번에 만들어주는 어머니의 모습은 눈물겹도록 감동적이다. 훗날 진정이 의상대사의 10대 제자 가운데 한 사람이 될 수 있었던 것도 바로 이와 같은 어머니의 간절한 마음 덕분이었을 것이다.

일연이 불과 아홉 살의 어린 나이로 어머니의 곁을 떠나게 된 속사정을 현재로서는 알 길이 없지만, 이 이야기의 밑바탕에는 어머니를 향한 그의 간절한 마음이 깔려 있다고 해도 좋을 것 같다. 『삼국유사』에는 아버지보다

안타까운 상황에 놓여 있는 어머니가 유난히도 많이 등장하는데 이는 어머니를 향한 일연의 곡절한 마음이 투영된 것이 아닌가 싶기도 하다.

그러나 일연은 어머니의 부음에도 하산하지 않았던 진정과는 매우 다른 방식으로 어머니에 대한 효도를 다했다. 앞에서도 이미 언급한 것처럼 그는 승려로서 최고의 영광인 국사로 책봉되어 개경에 머무르고 있었던 1283년, 아흔다섯 살이나 되신 어머니를 봉양하기 위하여 고향으로 돌아왔던 것이다. 그리하여 마침내 그 이듬해에 아흔여섯 나이로 어머니가 이 세상을 떠날 때까지, 일흔아홉 살의 국사의 몸으로 어머니를 손수 모셨다. 이런 경우는 희귀한 정도를 넘어서 전례 없는 일이 아닐까 싶기도 하다.

인각사에 배를 대다

일연은 어머니가 돌아가시자 인생의 맨 마지막 여인 숙인 인각사에 배를 대게 되는데, 비문에는 이에 대하여 다음과 같이 설명하고 있다.

그다음 해(1284, 충렬왕 10년, 79세)에 어머니께서 돌아가 셨는데, 향년 아흔여섯이었다. 이 해에 조정에서 일연이 만년을 보낼 절로 인각사를 선정하였다. 근시 김용검에게 칙명을 내려 인각사를 중수하게 하고, 100여 경頃의 논밭을 하사하여 사찰 운영에 필요한 경비를 마련하게 하였다. 일연은 인각사에 들어 가 두 번이나 구산문九山門 도회都會를 개최했는데, 총림법 회叢林法會(다양한 계열의 승려들이 함께 하는 특별 법회)의

성대함이 근래에는 없었던 일이었다.

보다시피 조정에서는 일연의 어머니가 돌아가신 바로 그 해에 인각사를 일연이 만년을 보낼 사찰로 삼았다. 형식적으로는 조정에서 취한 조치이지만, 하고 많은 절 가운데 인각사를 선택한 것은 일연의 뜻을 따른 것일 게다. 일단 국사인 일연이 만년을 보낼 사찰이 인각사로 결정되자, 나라에서는 인각사에 대하여 특별한 조치를 내렸다. 먼저 인각사를 중수하게 하는 한편, 사찰 운영에 필요한 경비로 100여 경의 논밭을 하사한 것이 바로 그것이다. 여기서 말하는 100여 경은 어느 정도의 넓이였을까? 이를 확인할 수 있는 자료가 거의 없는 데다, 그 당시에는 수확량에 따라서 1경의 넓이가 매우 달랐기 때문에 몇 평이라고 구체적인 수치를 제시할 수는 없다. 하지만 여러 가지 정황으로 보아 그것이 매우 광활한 토지였음은 거의 분명한 사실이다. 조정에서 제공한 이 토지가 앞으로 인각사가 크게 발전할 수 있는 경제적 기반이 되었음은 말할 것도 없다.

일연이 1289년에 세상을 떠날 때까지 약 5년 동안 인각사에 머무르면서 했던 일 가운데 가장 중요한 것은 『삼국유사』의 마무리다. '인각사 주지 일연이 편찬'했다는 『삼국유사』 제5권 첫머리의 기록이 이 점을 분명하게 입증하고 있다. 물론 자료 수집 기간까지 따지면, 『삼국유사』는 대략 50년의 장구한 기간에 걸쳐 점진적으로 저술된 책이기는 하다. 그러나 '인각사 주지 일연이 편찬'했다는 기록을 통해 『삼국유사』가 인각사에서 오늘날의 형태로 완성되었다는 것을 알 수 있으며, 이러한 점에서 인각사는 민족의 고전이 태어난 성소聖所라고 이를 만하다.

불교사적 관점에서 볼 때 일연이 인각사에서 구산문 도회를 두 번이나 열었다는 것도 대단히 주목되는 일이 아닐 수 없다. 여기서 말하는 구산문은 신라 말 고려 초에 형성되었던 도의의 가지산문 등 선종 계열의 아홉 개의 산문, 곧 구산선문九山禪門을 말하고, '도회'는 모두가 함께하는 모임이라는 뜻이다. 그러니까 인각사에서 열린 구산문 도회는 문자 그대로 우리나라 구산선문의 모든 승려가 함께 참여하여 사상적인 교감을 나누고 선종 전체의 단합을 도모하는 법회라고 할 수 있다.

일연이 주지로 있던 인각사에서 구산문 도회를 두 번이나 열었다는 것은 그가 명실상부하게 선종 계열의 좌장임을 상징적으로 보여줄 뿐만 아니라, 인각사가 선종 계열의 대표 사찰로 부각되었음을 의미하는 것으로 보아도 무방할 것 같다. 아울러 이러한 전국적인 모임을 감당할 수 있을 정도로 인각사의 사세가 막강했음을 알 수 있으며, 발굴 과정에서도 일연이 주석한 후에 인각사의 규모가 획기적으로 확장되어 있었음이 구체적으로 드러난 바도 있다. 요컨대 인각사는 국사인 일연이 은퇴해 머무르면서 국가의 막대한 정치적·경제적 지원을 받게 됨에 따라 최대의 성황을 누리게 되었던 것이다.

그런데 일연은 왜 하고많은 절을 그만두고 하필 인각사를 최후의 종착역으로 삼았을까? 결론부터 먼저 말을 한다면 인각사가 자신이 속한 가지산문의 사찰이었기 때문일 것이다. 그러나 오어사, 인홍사, 용천사, 운문사 등자신과 직접 인연이 있을 뿐만 아니라, 가지산문에 소속된 사찰이 영남 지역에도 한둘이 아닐 텐데, 왜 하필이면 인각사였을까?

이와 같은 의문에 대하여, 현재로서는 명확하게 대답할 근거가 없다. 하지만 일연의 어머니의 묘소로 전해져 오는 무덤이 인각사 부근에 있다는 사실에서, 문제 해결의 실마리를 찾을 수 있을지도 모르겠다. 그 무덤은 인각사에서 동쪽으로 1.1km 정도 떨어진 둥둥이 마을 뒷산에 세워진 일연의 부도와 마주 보고 있는, 건너편 산골짜기의 높은 등성이 위에 자리 잡고 있다.

이 대목에서 내가 한평생을 둥둥이 마을에서 살아온 김기환(당시 79세), 정재춘(당시 65세) 등으로부터 2010년에 직접 채록한 갖가지 전설을 음미해보는 것도 의미가 없지는 않을 것이다. 그들에 따르면 섣달 그믐날 밤이 되면 일연의 부도와 그 어머니의 산소 사이를 기묘하게도 도깨비불같은 불빛이 왔다 갔다 했다는 전설이 전해오고 있다고 한다. 인각사와 일연의 부도가 있던 곳, 그리고 어머니의 묘소는 정삼각형의 꼭지점을 이루고 있는데, 인각사 석등에다 불을 켜는 순간 그 불빛이 부도와 어머니 묘소를 향하여 일제히 뻗쳤다는 전설도 있다. 일연의 부도에 반사된 아침 햇빛의 눈부신 광채가 어머니가 계시는 건너편 산으로 뻗쳐갔다는 전설도 빠뜨릴 수 없다. 일연이 어머니를 모신 후에, 자신의 옷자락 무게조차 감당하기 어려운 여든 노인의 연약한 몸을 이끌고, 어머니의 묘소가 보이는 인각사 뒷산에 날마다 올라가 어머니를 향하여 큰절을 올렸다는 전설도 같은 맥락에서 이해할 수 있다. 이러한 이야기들은 어디까지나 전설들일 뿐이지만, 전설 속에 진실이 포함되어 있는 경우도 많다. 게다가 전설 그 자체가 이미 오래된 역사라고 할 수 있으며, 그 역사 속에는 어머니에 대한 일연의 효성이 오롯하게 함축되어 있다.

물론 그 묘소가 일연의 어머니의 묘소라는 정확한 문헌 기록이 있는 것도 아니고, 발굴을 통하여 그곳이 일연의 어머니의 묘소임을 입증할 수 있는 유물을 찾은 것도 아니다. 하지만 앞에서 말한 여러 가지 정황으로 보아 나는 이 묘소를 일연의 어머니의 묘소로 추정하고 싶다. 그러한 의미에서 일연이 자신의 부도를 세우도록 지시한 장소의 선택도, 명당도 명당이려니와 건너편 산에 계신 어머니를 죽어서도 바라보며 모시고 싶었던 간절한 효심의 소산으로 보고 싶기도 하다. 요컨대 일연은 자주 왕래하던 인각사 부근의 명당 터에다 어머니를 모셔놓고, 돌아가신 뒤에도 어머니를 모시기 위하여 인각사에 머무르게 되었다고, 자꾸만 우기고 싶어지는 것이다.

일연은 힘이 세다

대학 1학년 때이던 1974년 폭염이 기승을 부리던 어느 늦여름 오후였다. 먼지가 폴폴 일어나는 비포장 도로를 걸어서 인각사를 처음 찾아가던 때가, 마치 오늘 새벽 일처럼 아직도 기억에 또렷하다. 『삼국유사』가 완성된 절이라는 점에서 기대가 정말 컸는데, 막상 눈앞에 나타난 인각사는 몰락을 거듭하여 폐사 직전의 상황에 이르러 있었다. 텅 빈 사역에 사람은커녕 단 한 마리의 개미 새끼조차도 얼씬거리지 않았다. 숨 막힐 듯한 고요 속에서 몇 채 되지도 않은 조그만 건물들이 모두 산소 호흡기를 뒤집어쓴 채 마지막 숨을 헐떡이고 있었다. 누가 나타나서 '후' 하고 힘껏 불어버리면, 절 전체가 일시에 어디론가 꺼

져버릴 듯한 느낌이 들 정도였다. 민족의 고전인『삼국유 사』를 낳은 유서 깊은 사찰이 민족으로부터 이토록 황량 하게 버려져 있다는 사실 앞에서, 나는 크나큰 부끄러움 과 안타까움을 느꼈다.

하지만 내가 본 인각사는 어디까지나 조선조의 숭유 배불崇儒排佛 정책과 임진왜란 등 여러 가지 이유로 처참 하게 몰락해버린 인각사일 뿐, 고려 말의 인각사의 모습 과는 거리가 멀어도 한참 멀다. 일연이 머물렀던 5년 동 안에 더욱더 번성했던 인각사는 그가 별세한 이후에도 여 전히 세력을 그대로 유지했기 때문이다. 이러한 사실은 익재 이제현이 지은「보감국사비寶鑑國師碑」의 비문에서 그 대강을 엿볼 수 있다.

근세의 위대한 스님으로 부처의 도를 밝혀 후학을 깨우쳐 준 이는 보각국존 일연이다. 그의 제자들이 수백 수천 명에 이 르고 있으나, 어렵고 깊은 이치를 깨달아 그 묘계妙契가 들어 맞은 분은 오직 보감국사분이다. 국사의 법명은 혼구混丘이 고 자字는 구을丘乙, 옛날 법명은 청분이고 속성은 김씨다.

보감국사의 비문이므로 어디까지나 보감국사를 기리는 관점에서 서술된 것이기는 하지만, 위의 글을 통해서 우리는 두 가지 사실을 확인할 수 있다. 그 가운데 하나는 보각국사 일연의 제자들이 '수백 수천'으로 표현될 정도로 엄청나게 많았다는 사실이다. 이 점은 일연 비의 뒷면에 새겨진 제자들의 명단을 통해서도 그 대강을 짐작할 수 있다. 비석에는 정치권 인사들까지 합하여 제자 203명의 이름이 기록되어 있다. 글자 수의 제약을 받을 수밖에 없는 비문의 특성을 고려하면, 이들이 제자들 전부가 아니라 대표 제자들만 기록되었다고 봐도 무방하다. 제자들 가운데는 팔만대장경 판각 사업에 참여한 승려들로부터 선월사에 머무를 때부터 사귀기 시작한 정치권 인사들, 국사가 되어 인각사에서 구산문 도회를 두 번이나 개최하면서 모임의 좌장 역할을 수행함에 따라 불어난 제자들이 포함되어 있을 것이다.

다른 하나는 일연의 법통을 계승한 제자가 보감국사 혼구였다는 사실이다. 혼구는 일연이 세상을 떠난 후 스

승의 추모사업을 실질적으로 주도했던 청분의 훗날 이름
이다. 일연이 세상을 떠났을 때 운문사 주지로 있으면서
조정에 스승의 행장을 올려 비문을 내려주기를 요청했던
청분은 그 뒤 인각사로 와서 일연의 비석을 세우는 등 추
모사업을 주도했다. 일연이 편찬한『삼국유사』에서 두 군
데의 기록을 보충했던 무극無極은 바로 혼구의 자호自
號인데, 그는 왕사로 있다가 입적한 후에 국사로 추증된
인물이다. 좌우간 일연의 법맥을 이은 제자가 최고의 승
직僧職에 있었으므로 인각사의 세력은 일연이 세상을 떠
난 이후에도 변함없이 유지되거나 오히려 확대된 것으로
판단되며, 일연의 정치적·사회적 위상도 같은 맥락에서
이해할 수 있다. 보감국사가 세 임금의 총애를 한 몸에 받
았다는 점을 고려한다면 더욱더 그러하다. 저간의 사정
을 단적으로 보여주는 것은 다음과 같은 기록이다.

　　장산군은 명종 2년에 감무監務를 두었다가 충선왕이 즉위
하자 왕의 이름을 피하여 경산으로 고쳤다. 충숙왕 4년에는 국
사 일연의 고향이란 이유로 승격하여 감무보다 높은 현령관縣

令官을 두었다.

『고려사』에 실려 있는 내용이다. 보다시피 일연이 세상을 떠난 지 거의 30년이 지난 충숙왕 4년(1317년)에, 그의 고향이라는 이유로 경산 지역 수령의 지위가 감무에서 현령관으로 승격되었다는 내용이다. 이는 일연이 세상을 떠난 이후에도 그의 영향력이 얼마나 컸는가를 단적으로 보여주는 대목이다. 게다가 고려 말의 문인인 이색의「인각사 무무당기麟角寺無無堂記」에도 고려 말기의 인각사의 모습을 가늠할 수 있는 다음과 같은 내용이 실려 있다.

지금 조계曹溪 도대선사都大禪師(대선사 위에 있는 선종 최고의 자리) 서공諝公이 새로 임금의 명령을 받고 구산선문의 우두머리가 되었다... 내가 낙동강 서쪽의 여러 절에서 놀다가 우연히 남장사의 승방에 이르렀더니, 서공이 나를 보고 기뻐하면서 그가 머무르는 인각사 무무당無無堂의 기문을 지어 주기를 청하면서 그 사연을 갖추어 말하였다... 신축년(1361년) 8월에 공사를 시작하여 올해(1362년) 7월에 준공했는데, 8월

갑자일에 총림법회를 열어 낙성하였다.

    이 글에서 주목되는 것은 구산선문의 우두머리가 된 조계 도대선사 서공이 1362년(공민왕 11년) 인각사에 무무당을 완성하고 낙성식을 겸한 총림법회를 열었다는 사실이다. 구산선문의 우두머리가 인각사에 주석하면서, 일연이 두 번 열었던 총림법회를 다시 열고 있다는 점에서, 인각사는 이 무렵에도 여전히 구산선문의 구심점 역할을 하면서 그 세력을 크게 떨치고 있었음을 알 수 있다. 일연이 세상을 떠난 후에도 그의 힘이 멀리까지 미쳤음을 여실히 보여주는 대목이 아닐 수 없다.

4장

일연에게
꾸벅!

강물을 모아 바다가 되다

"태산과 같은 거대한 산도 크고 작은 흙덩이와 돌덩이들의 집합으로 이루어졌고, 광활한 바다도 크고 작은 강물들의 집합으로 이루어졌다." 진나라 승상인 이사李斯가 한 말을 약간 바꾸어 표현해 보았다. 당대 최고의 고승이던 일연의 학문과 사상도 다른 학문과 사상에 대해 배타적 대립각을 세우지 않고, 모두 끌어안는 데서 형성되었다. 일연의 이와 같은 포용성에 대하여 비문은 다음과 같이 기록하고 있다.

참선의 희열에 잠기는 여가에 대장경을 거듭 열람하고 여러 대가의 주석을 궁리하고 연구하였다. 게다가 유가의 서적을 섭렵하였고, 아울러 제자백가諸子百家까지 꿰뚫어 가는 곳마다 사람들을 이롭게 하니 오묘한 쓰임새가 종횡무진하였다.

위의 글에서 주목되는 것은 "참선의 희열에 잠기는 여가에"라는 서두 부분이다. 일연은 선종에 속한 승려였으므로 참선을 통한 수행을 최우선으로 삼았고, 그 나머지 영역에 대한 관심은 일종의 여가 활동이었음을 시사하고 있기 때문이다. 그런데 여가 활동의 종류와 심취한 정도가 예사롭지 않다. 보다시피 그의 첫 번째 여가 활동은 대장경을 거듭 열람하고 대가들의 주석을 연구하는 일이었는데, 대장경에 대한 일연의 관심에 대해서는 앞에서도 이미 언급한 바 있다. 대장경과 그 주석에 대한 연구는 경전을 통해 깨달음의 세계에 도달하려고 하는 교종에서 역점을 두고 하는 공부다. 따라서 이 대목은 불립문자를 핵심으로 하는 선종의 승려 일연이 교종을 온전히 끌어안았음을 보여준다. 이 점은 그가 편찬한 저술 가운데 대장경에 대한 핵심적 내용을 담은 것으로 판단되는『대장수지록大藏須知錄』이 있다는 사실을 통해서도 분명히 확인할 수 있다.

　그러나 그가 선종의 승려로서 교종을 끌어안는 모습을 무엇보다도 분명하게 보여주는 것은 역시 『삼국유사』다. 『삼국유사』는 분명히 선종 계열의 승려인 일연이 편찬한 책이지만, 선종에 대한 기록은 눈을 씻고 봐도 거의 없다. 반면에 교종에 대한 기록이 압도적 다수를 차지하고 있어서, 그 이유가 무엇인지 학자들이 모두 궁금하게 여기고 있을 정도다. 일연의 비문에서 그를 두고 "선종의 수풀에서 호랑이처럼 읊조렸고, 교종의 바다에서 용처럼 읊조렸다[선림호소禪林虎嘯 교해용음敎海龍吟]"라고 표현한 것도 그가 선종과 교종 양쪽에 균형 잡힌 시각을 지니고 있었음을 보여주고 있다.

　인용문에서 확인할 수 있는 두 번째 여가 활동은 "유가의 서적을 섭렵"하는 일이었다. 이 대목은 일연이 불교를 이단으로 몰아세우면서 배타적 대립각을 세우곤 하던 유교를 끌어안았음을 보여주고 있다는 점에서 대단히 주목된다. 『삼국유사』에는 이러한 기록을 구체적으로 확인할 수 있는 증빙 자료가 비교적 풍부하게 남아 있다. 그 단적인 사례의 하나로 유교적 합리주의 사관의 소산인 김부식의『삼국사기』는 신이神異에 대해 배타적 대립각을 세우지만, 김복순이 언급한 것처럼『삼국유사』는『삼국사기』와 유교를 끌어안는다. 예컨대 유교의 충효 사상을 적극적으로 수용하여 '김제상金堤上' 같은 충신의 전기를 큰 비중으로 수록하고 있고, 효선이라는 별도의 편목을 마련하여 원칙적으로 유교 윤리인 효를 아주 각별하게 강조한다.『논어』에 나오는 내용을 토대로 하여 유교적 정치이념을 제시한 향가『안민가安民歌』도 수록되어 있다. 이와 같은 몇 가지 사례만으로도『삼국유사』가 유교를 포용하고 있음을 알 수가 있다.

　인용문의 "제자백가까지 꿰뚫었다"라는 대목을 통해 또다른 여가 활동을 확인할 수 있다. 다 알다시피 제자백가는『노자』와『장자』등 중국 춘추전국시대에 활동한 다양한 학파의 총칭이다.『삼국유사』에『회남자淮南子』의 주석까지 인용하고 있는 것을 보면, 그가 "제자백가를 꿰뚫었다"라는 말이 정말 실감 난다. 그러나 일연이 꿰뚫은 것은 제자백가만도 아니었다. 비문에는 나오지 않지만, 그가 역사에 관한 책들을 놀라울 정도로 섭렵하였고, 그것이『삼국유사』를 편찬하는 데 토대가 되었다는 것은 앞에서도 이미 언급한 바 있다. 게다가『삼국유사』를 찬찬히 살펴보면 그는 도교신앙이나 신선사상, 산악신앙과 무속신앙 등 그 어떤 신앙과 사상들도 모두 껴안는 넉넉한 품을 보여준다.

이상의 내용을 종합해볼 때, 고려시대에 일연만큼 폭넓은 품을 가진 지식인은 거의 없지 않을까 생각된다. 비석의 뒷면에 실린 글을 지은 산립이 "일연의 문풍門風은 넓고 크게 다 갖추어져서 불가사의하다"라고 평가한 것도 이 점을 지적한 것으로 생각되거니와, 고려 말의 학자 이제현도 다음과 같이 언급한 바 있다.

멀리 있던 저 선종이 바다를 건너서 우리나라로 오니, 그 갈래가 모두 아홉 갈래인데 도의 스님이 으뜸이었네. 그 후예들이 계속 이어져서 대대로 철인哲人이 있었으니, 바름을 지키고 잘못을 바로잡은 분은 운문사의 학일學一 스님이었고, 널리 배우고 독실하게 실천[박학독행博學篤行]한 분은 인각사의

견명見明 **스님일세.**

　고려 말의 석학 익재 이제현이 지은 보감국사 혼구(=
청분, 무극)의 비문이다. 보다시피 익재는 구산선문의 으
뜸인 가지산문의 시조 도의의 법맥을 계승한 대표적인 고
승으로 운문사의 학일과 인각사의 견명, 즉 일연을 들고
있다. 가지산문의 역사적 흐름 속에서 일연이 차지하는
위상을 분명히 보여주는 대목이 아닐 수 없다. 더욱더 주
목되는 것은 익재가 일연의 학문적 특징을 '박학독행'으
로 요약하고 있다는 점이다. 박학으로 말하면 고려시대
에 익재만큼 박학한 학자가 어디 있겠는가? 그런 익재가
일연을 박학으로 규정한 것을 보면 일연의 학문적 범위가
얼마나 넓었는지를 짐작하고도 남을 것이다.

　태산과 같은 거대한 산도 크고 작은 흙덩이와 돌덩이
들의 집합으로 이루어졌고, 광활한 바다도 크고 작은 강
물들의 집합으로 이루어졌다. 같은 맥락에서 고려시대를
대표하는 고승인 일연의 드높은 학문과 사상도 작은 흙덩
이와 돌덩이의 집합으로 이루어졌고, 그가 편찬한 민족의

고전 『삼국유사』도 크고 작은 강물들을 받아들이는 포용력으로 이루어진 책이라고 해도 좋을 것이다.

　다 알다시피 오늘날 세계에서는 자신의 사상과 신앙만 절대적인 선이라고 생각하고, 다른 사상이나 신앙에 대해서는 배타적 대립각을 세우는 경향이 도도한 형세를 이루고 있다. 그로 인해 야기된 갈등이 인류의 삶을 위태롭게 하는 경우도 허다하다. 따라서 『삼국유사』가 보여주는 이와 같은 사상적·신앙적 포용성은 오늘날의 세계사의 흐름과 관련하여 음미할 만한 가치가 매우 크다고 판단된다.

입이 열 개라도 할말이 없네

스님의 사람됨을 살펴보면 대화에 실없는 우스개가 없었고, 성품에 꾸밈이 없어서 진정으로 중생들을 대했다. 뭇사람들 속에 있으면서도 마치 홀로 있는 것 같았고, 높은 자리에 있으면서도 마치 낮은 사람처럼 보였다.

비문을 지은 민지가 일연의 사람됨에 대해 종합적으로 평가한 부분이다. 우선 "대화에 실없는 우스개가 없었다"라는 부분이 눈길을 끈다. 실없는 우스개를 자꾸 하다 보면 아무래도 사람이 경박해지기 쉽다. 그러니까 일연은 묵언 수행 중인 천 년 묵은 바위처럼 말수가 적고 점잖으신 분이었던 모양이다. "성품에 꾸밈이 없어서 진정으로 중생을 대했다"라는 대목에는 있는 그대로의 소탈한 모습으로 중생을 대하는 그의 진정성이 함축되어 있다. "뭇사람들 속에 있으면서도 마치 홀로 있는 것 같았다"라는 언표는 왁자지껄한 도떼기 시장판에서 가부좌를 틀고 있어도, 깊은 산의 아름드리 나무 밑에서 가부좌를 틀고 있는 것과 다를 바가 없었다는 뜻으로 들린다. "높은 자리에 있으면서도 마치 낮은 사람처럼 보였다"라는 대목에서는 국사의 위치에 있는 당대 최고의 고승이면서도 전혀 티를 내지 않고, 수행하는 어느 승려처럼 자신을 낮추었던 일연의 겸손한 풍모를 떠올리게 한다. 이렇게 볼 때 평상시의 일연의 언행은 전반적으로 동적이기보다는 정적인 것으로 느껴지지만, 일단 학문의 세계에 들어가면 분위기가 전혀 달라진다.

그때(1268년 대장경 낙성법회의 주맹을 맡았을 때) 낮에는 불경을 읽고 밤에는 종취宗趣(궁극적 진리)에 대해 담론했는데, 여러 사람이 의심하는 바를 모두 물 흐르듯 분석해냈다. 의리가 정밀하여 신묘한 경지에 들어갔으므로 공경하여 감복하지 않은 이가 없었다.

　　이미 도의 세계에 들어가서는 온당하고 진실하였으며, 말솜씨를 자유자재로 구사하였다... 무릇 50년 동안 법도法道의 으뜸으로 일컬어져 머무는 곳마다 모두 다투어 우러러 사모했으며, 오직 스님의 문하에 참여하지 못함을 수치로 여겼다. 비록 빼어나다고 자부하던 자들도 단지 스님이 남기신 향기와 은택을 접하기만 해도 그만 마음으로 취하여 스스로 망연자실하지 않음이 없었다.

　　둘 다 일연의 비문에 나오는 글들이다. 앞에서 이미 언급한 것처럼 일연은 평소에 말수가 적었던 사람이었다. 하지만 일단 학문의 세계에 들어서게 되면, "여러 사람이 의심하는 바를 모두 물 흐르듯 분석해 내었고", "말솜씨를 자유자재로 구사하였다"라고 한다. 그만큼 논지에 대한 자기 믿음이 확고했다는 뜻일 것이다. 이와 같은 탁월한 학문적 역량에 따라 일연에 대한 불교계의 존경심도 참으로 지극했던 모양이다. "50년 동안 법도의 으뜸으로 일컬어져 머무는 곳마다 모두 다투어 우러러 사모했다"라는 대목에서 이러한 사실이 아주 분명하게 드러나 있다. 이렇게 볼 때 일연은 단순히 국사로서 불교계를 대표하는 상징적인 존재에 그치는 인물이 아니라 학문적 역량 자체가 다른 사람을 압도했음을 짐작하게 한다. 원래 비문은 주인공의 학덕을 기리기 위하여 짓는 글이므로 인용문의 서술 내용에도 얼마간의 수사적 과장이 있을 수는 있다. 하지만 그가 남긴 많은 저술의 면면을 살펴보면 실상과 많이 다른 과도한 과장은 아닌 것 같다.

스님이 지은 책으로는 『어록語錄』 두 권과 『게송잡저偈頌雜著』 세 권이 있고, 편찬한 책 중에서 『중편조동오위重編曹洞五位』 두 권, 『조파도祖派圖』 두 권, 『대장수지록大藏須知錄』 세 권, 『제승법수諸乘法數』 일곱 권, 『조정사원祖庭事苑』 삼십 권, 『선문염송사원禪門拈頌事苑』 삼십 권 등 백여 권이 세상에 유포되어 있다.

보다시피 일연의 저술은 무려 백여 권에 달하고 있다.

당시 한 권은 오늘날의 한 권보다 물리적인 분량이 훨씬 적었다는 점을 고려하더라도 보기 드물 정도로 많은 저술이 아닐 수 없다. 이들 저술 가운데는 일연이 직접 지은 책도 있고, 일연이 편찬한 책도 있다. 직접 지은 책으로는『어록』두 권과『게송잡저』세 권 등 두 종류가 있는데, 정말 아쉽게도 둘 다 전하지 않고 있다. 일반적으로『어록』은 설법이나 제자와의 문답 등 고승의 언어 행위에 대한 기록인데, 관례상『어록』에 담긴 언어 행위의 주체는 일연이지만 기록을 남긴 주체는 일연의 제자라고 보아도 무방할 것이다.『게송잡저』는 일연이 지은 게송과 잡저를 함께 묶은 책으로 판단된다. 잡저는 손이 가는 대로 자유롭게 쓴 수필 형식의 글인데, 특정 갈래에 포함하기 어려운 특징을 지니고 있어서 일괄 '잡저'라고 부르고 있다. 잡저에는 명칭이 지닌 부정적인 이미지와는 달리 작자의 사상과 감정이 진솔하게 담겨 있는 경우가 매우 많지만, 책이 전해지지 않아 구체적인 내용은 전혀 알 수가 없다. 게송도 전해지지 않기는 마찬가지이지만, 그래도 어느 정도 그 내용을 짐작해 볼 수 있다. 원래 게송은 부처의 공덕을 찬양하거나 산문으로 서술되어 있는 경전의 가르침을 시적 구도 속에 포착한 한시 형식의 시가를 말한다. 일연이 이처럼 한시 장르에 포함되는 게송을 모은 별도의 저술을 남긴 것을 보면, 그는 시를 짓는 것이 생활화되어 있었던 시승詩僧이었다고 생각되며, 이에 대해서는 앞에서도 이미 언급한 바 있다.

일연이 편찬한 100여 권의 저술 가운데『중편조동오위』는 중국 선종의 한 계열인 조동종曹洞宗의 수행법에 관한 책인데, 비문에 기록되어 있는 일연의 저술들 가운데 오늘날까지 전해지는 유일한 책이다. 나머지 책들은 아쉽게도 모두 전해지지 않기 때문에 구체적인 내용을 알 수는 없고, 다만 책의 제목을 통해 그 내용을 대강 짐작할 수밖에 없다. 채상식 등 학자들의 견해를 종합해보면『조파도』는 선종 승려들의 법맥法脈을 그림으로 표현한 계보도系譜圖로 추측되며,『대장수지록』은 문자 그대로 필수적으로 알아야 할 대장경의 핵심 사항을 정리한 책으로 추측된다.『제승법수』는 원래 당나라의 고승 현수賢首가 편찬한 책인데, 대장경에 나오는 숫자가 들어가는 불교

용어들을 가려 뽑아 이해하기 쉽게 설명하였다. 제목이 같은 것으로 보아, 일연의『제승법수』도 같은 성격을 지닌 책으로 보아도 무방할 것 같다.『조정사원』은 원래 북송의 선경善卿이 편찬한 것으로 선종에서 사용하는 각종 용어를 풀이한 사전적 성격을 지닌 책이다. 선경이 편찬한『조정사원』이 여덟 권으로 이루어져 있는 데 비해, 일연의『조정사원』은 서른 권이나 되는 것을 보면, 선종에 대한 사전적 지식을 대폭 보완한 책이었을 것이다.『조정사원』이 용어풀이 사전인 것을 보면『선문염송사원』도 혜심이 편찬한『선문염송』에 등장하는 용어들을 풀이한 사전적 성격의 책으로 추정된다. 일연이 편찬한 책 가운데『조파도』,『중편조동오위』,『조정사원』,『선문염송사원』은 선종에 관한 책이고,『제승법수』와『대장수지록』은 교종에 관한 책으로 판단되는데, 여기서도 선종 계열의 승려로서 교종을 끌어안았던 일연의 사상적 포용성을 엿볼 수 있다.

그런데 이 대목에서 대단히 주목되는 것은 비문에 나오는 일연의 저술들 가운데『삼국유사』가 보이지 않는다는 점이다. 일연의 나머지 저술들을 다 합한 것보다도 훨씬 더 중요하다고 여겨지는『삼국유사』가 비문에 보이지 않는 이유는 무엇일까? 이에 대해서는 대략 다음과 같은 두 가지의 견해가 있다. 하나는 오늘날의 관점에서 볼 때『삼국유사』는 없으면 큰일이 날 우리 민족의 고전이지만, 수행하는 선승이었던 일연이나 비석 건립 주체인 승려들에게는 그다지 중요한 책이 아니었기 때문일 것이라는 견해다. 다른 하나는 비석을 세울 때까지 아직『삼국유사』가 간행되지 않았기 때문일 것이라는 견해다. 물론 첫 번째 견해에도 경청할 만한 요소가 없는 것은 아니지만, 좀처럼 동의할 수 없는 것도 사실이다. 왜냐하면『삼국유사』는 일연이 몽골의 침입으로 전 국토가 초토화된 상황 속에서, 무려 수십 년 동안 역사의 현장을 직접 답사하여 새로운 자료를 모아가며 집필한, 엄청난 공을 들인 책이기 때문이다.『삼국유사』를 '메모광 일연이 발품을 팔아가며 길 위에서 쓴 역사책'이라고 부르는 이유가 바로 여기에 있다. 그리고 이 점은 이미 확보된 기존의 문헌 자료를 중심으로 하여, 고독한 집필실에서 편찬된『삼국사기』와는 크게 구별되는 지점이기도 하다. 그러므로 나는 비석을 세울 때까지『삼국유사』가 아직 간행되지 않았기 때문일 것이라는 두 번째 견해에 손을 들고 싶다.

일연이 살았을 때『삼국유사』가 아직 간행되지 않았던가? 물론 장담할 수는 없지만, 그렇게 보는 것이 학계의 대세다. 이 점은 일연의 저술 100여 권이 "세상에 유포되어 있다"라는 비문의 내용을 통해서도 그 대강을 짐작할 수 있다. 일반적으로 "세상에 유포되어 있다"라는 표현은 책이 간행되었음을 의미하는 것이므로 비문에 소개된 100여 권의 저술들은 모두 간행된 책으로 보는 것이 자연스럽기 때문이다. 그러니까 간행된 일연의 저술이 100여 권이고 간행하지 못한 저술들도 있는데, 그 가운데『삼국유사』가 포함되어 있었다는 뜻이다.

당시 매우 어려웠던 출판 사정을 고려하면 아무리 당대의 고승이고 국사라고 하더라도 100여 권의 저술을 간행한다는 것은 결코 쉬운 일이 아니었을 터인데, 그 많은 저술을 어떻게 다 간행할 수 있었을까? 이런 질문 앞에서 일연이 팔만대장경 조판에 참여했던 각수들을 위시하여 각종 기술을 보유한 다수의 출판 전문가를 제자로 거느리고 있었음을 떠올리게 된다. 아마도 책을 간행할 때마다 그들의 도움을 받아 비교적 손쉽게 간행할 수 있었을 것으로 추정할 수 있기 때문이다.

그런데 그 많던 저술 가운데『삼국유사』와『중편조동오위』만 남아 있다니, 안타깝고 죄송한 마음을 금할 수가 없다. 입이 열 개라도 할 말이 없다.

왜 일연인가?

역사에는 가정이 있을 수 없다. 하지만 역사를 보다 실감 나게 이해하기 위해서는 가정이 필요할 때도 있다. 그런 의미에서 가정을 하나 해 보기로 하자. 만약 『삼국유사』를 편찬하지 않았다면, 오늘날 우리에게 일연은 어떤 존재로 남아 있을까? 그는 국사를 지낸 당대의 대표적 고승이었으므로 『삼국유사』가 아니더라도 불교사를 연구하는 학자들의 주목의 대상이 되기는 했을 것이다. 그러나 오늘날처럼 저명 인물이 될 수는 없었을 터다. 요컨대 일연이 역사에 찬란하게 빛을 발하는 위대한 인물로 승화될 수가 있었던 것은 오로지 『삼국유사』를 편찬한 덕분이라 해도 과언이 아니다. 『나는 일연이다』라는 책이 이 세상에 태어날 수 있었던 것도 그가 『삼국유사』를 편찬했기 때문임은 말할 것도 없다. 그러므로 "왜 일연인가?"라는 물음은 "왜 『삼국유사』인가?"라는 물음과 크게 다를 바가 없다. 그렇다면 우리는 왜 자꾸만 일연과 그가 편찬한 『삼국유사』를 호출하게 되는 것일까?

다 알다시피 삼국시대의 역사를 다룬 책으로는 김부식이 편찬한 『삼국사기』와 일연이 편찬한 『삼국유사』가 있다. 그런데 『삼국사기』는 삼국에 관한 대단히 중요한 내용을 담고 있지만, 사관史觀이나 체제, 형식 등이 지닌 근본적인 한계로 인하여 제대로 담아내지 못한 부분도 대단히 많다. 우리가 자꾸만 일연과 『삼국유사』를 호출하는 것은 『삼국사기』가 담아내지 못했던 부분을 『삼국유사』가 정말 놀라울 정도로 풍성하게 담아냈기 때문이다. 그 구체적인 내용을 간략하게 설명하면 다음과 같다.

첫째, 『삼국사기』는 당대를 대표하는 유학자였던 김부식이 유교적 합리주의라는 엄격한 사관에 입각하여 편찬한 책이다. 따라서 삼국의 사적 가운데 유교적 합리주의에 어긋나는 것은 일단 서술 대상에서 제외될 수밖에 없었다. 예컨대『삼국사기』는 신화나 전설 등 설화의 영역에 해당하는 것을 거의 수록하지 않고 있다. 어쩔 수 없이 수록한 경우에도 전해오는 설화를 그대로 수록한 것이 아니라, 합리적으로 재해석하여 수록하거나 최대한 생략하기도 했다. 신화의 내용이 합리적으로 이해할 수 없는 허황하고 황당무계한 것이라고 생각했기 때문이다.

그러나 일연은 이 세상에 합리만으로는 도저히 설명할 수 없는 신이神異의 세계도 있다는 것을 굳게 믿고 있었던 불교적 신이주의자였다. 그에게 합리 세계와 신이 세계, 현실 세계와 설화 세계는 엄격히 구별되는 별도의 세계가 아니라, 같은 동네에 우리 집과 이웃집이 공존하듯이 서로 공존하는 세계였다. 따라서 일연은 합리를 기준으로 하여 신화와 전설 등 신이의 영역을 사실상 역사 밖으로 내동댕이쳐버린『삼국사기』의 서술 태도를 도저히 받아들일 수가 없었다. 그러므로 그는 고대의 각종 설화들을 폭넓게 채집하여『삼국유사』의 곳곳에다 수록하였다. 바로 이 점이 우리가 자꾸만『삼국유사』를 호출하게 되는 이유 가운데 하나다.

둘째, 『삼국사기』는 기본적으로 유교사관의 관점에서 인간 활동의 다양한 분야 가운데 정치를 중심으로 하여 서술한 책이다. 그러다 보니 삼국시대의 사상사, 종교사, 문화사의 전반에 걸쳐서 절대적인 비중을 차지하고 있었던 불교 관련 서술이 대단히 빈약하다. 일생을 불문佛門에 몸담고 있었던 당대의 고승 일연은 이 점이 무척 불만스러웠을 것이다. 그가 『삼국유사』의 아홉 개 편목 가운데 무려 일곱 개의 편목을 불교 관계 기록으로 채울 정도로 불교의 영역을 대폭적으로 수용한 것도 이러한 맥락에서 이해할 수 있으며, 그 결과 『삼국유사』는 오늘날 우리가 삼국시대의 불교사를 재구성하는 데 결정적으로 기여하였다.

셋째, 『삼국사기』가 편찬되던 고려 전기에는 중국을 세계의 중심으로 생각하는 화이론적華夷論的 세계관이 점점 더 확산되는 추세에 있었고, 김부식은 그러한 흐름을 주도했던 사람 중 하나였다. 김부식에게는 중국문화가 바로 선진문화였고, 중국의 선진문화를 적극적으로 수용하여 고려의 문화를 선진문화로 수직 상승시키는 것이 그의 이상이자 꿈이었다. 따라서『삼국사기』를 서술하는 그의 태도는 다분히 모화적이고 사대적일 수밖에 없었다.

하지만 일연이 살았던 고려 후기에는 그동안 세계의 중심으로 생각했던 중국의 남송이 주변국이었던 몽골에 처절하게 멸망당함으로써, 화이론적 세계관이 치명적인 타격을 입었다. 게다가 몽골의 장기적인 침략으로 국가의 운명이 풍전등화와도 같았기 때문에, 전 백성의 대동단결을 통하여 외세에 맞서는 것이 무엇보다도 절실하게 필요한 시대이기도 했다. 몽골과의 화친으로 원 간섭기에 접어들면서부터는 흔들리는 주체의 정체성을 확립하고 역사 공동체의 자존을 회복하는 일이 시대적 과제로 대두되기도 했다. 일연의『삼국유사』는 이러한 사회적 상황과 역사적 흐름의 산물이었으므로『삼국사기』에 비해 훨씬 더 주체적일 수밖에 없었다.

이와 같은 역사 서술 태도로 인하여『삼국유사』에는 우리 고유의 역사와 문화에 대한 풍부한 내용을 담을 수 있었다. 예컨대『삼국사기』에는 한시만 여기저기 산발적으로 수록하고 있는데 비해,『삼국유사』가 한시와 함께 향가를 14수나 수록하고 있는 것도 결코 우연한 일이라고 할 수가 없다. 요컨대 『삼국사기』에 수록된 기록들이 전반적으로 사대적이고 모화적인 분위기를 풍기는 반면에, 『삼국유사』에는 우리의 토속과 고유문화를 보여주는 주체적인 내용이 비교할 수 없을 정도로 풍부하게 수록되어 있는 것이다. 우리가 『삼국유사』를 읽다 보면 우리 민족 문화의 시원적인 숲을 걸어가는 것 같은 원시적 건강성을 느끼게 되는 것도 바로 이 때문이다.

넷째, 다 알다시피 『삼국사기』는 당시 국왕이었던 인종의 명령을 받은 김부식이 중심이 되어 편찬위원회를 구성하고, 국가적인 차원에서 편찬한 정사正史다. 중국을 중심으로 한 한문문화권에서 편찬되는 정사는 본기本紀와 열전列傳이 중심을 이루는 이른바 기전체紀傳體로 서술되는 것이 일반적이었으며, 그것은 『삼국사기』도 마찬가지였다. 오늘날 우리가 삼국시대 역대 왕들이 했던 일과 시대를 주도해간 중요 인물들을 알 수 있게 된 것도 『삼국사기』의 이와 같은 서술 방식 덕분이었다.

그러나 기전체 정사인 『삼국사기』는 왕과 신하 등 주

요 인물들의 행적에 초점을 맞춘 정치사 위주의 서술인데다, 편찬자의 귀족적 성격으로 인하여 사회의 밑바닥에서 역사를 움직이고 있었던 민중에 대한 기록들을 제대로 담을 수가 없었다. 반면에 일연의『삼국유사』는 형식에 구애되지 않는 자유분방한 서술 방식을 택하고 있기 때문에 담으려고 하면 무엇이든지 담을 수가 있었다. 게다가 그는 승려로서 평생 떠도는 삶을 살았고,『삼국유사』서술에 필요한 자료를 얻기 위해 역사의 현장을 광범위하게 직접 답사하기도 했다. 그러므로 그는 당시의 역사적 상황 속에서 고뇌에 찬 삶을 살았던 민중의 애환을 누구보다도 잘 알고 있었다. 일연이『삼국유사』에서『삼국사기』와는 비교할 수 없을 정도로 풍부한 민중 관련 기록을 담을 수 있었던 이유가 바로 여기에 있다. 여기서 말하는 민중에는 서민은 물론이고 천민, 여성, 장애자 등 사회적 약자들이 두루 포함되어 있는데, 그들 가운데는 신분적 한계를 뛰어넘어 고승이나 부처가 된 사례도 많다. 부처가 되는 길 앞에서는 만인이 평등하다는 것을 유감없이 보여주고 있는 셈인데, 바로 이 점이야말로『삼국유사』가 지닌 또다른 매력이 아닐 수 없다.

다섯째, 형식과 체제의 합리성을 중시하는 정사인『삼국사기』는『삼국사기』라는 명칭에 걸맞게 신라, 고구려, 백제 등 삼국의 역사만을 서술하였다. 그러나 쓰고 싶은 것은 무엇이든지 자유롭게 서술할 수 있는 자유분방한 서술 방식을 택했던『삼국유사』에는 삼국의 역사 이외에도 우리 역사권에 존재했던 고대국가에 대한 기록을 두루 포함하고 있다. 고조선, 위만조선, 마한, 변한, 진한, 낙랑국, 북대방, 남대방, 말갈, 발해, 이서국, 오가야, 북부여, 동부여, 가락국 등이 바로 그것이다. 특히 왕력 편에는 신라, 고구려, 백제와 함께 가락국의 연표까지 작성되어 있어 삼국이 아니라 4국으로 구성되어 있기도 하다.

물론 다른 사서에도 이런 나라들에 대한 단편적 기록이 산발적으로 수록되어 있기는 하다. 그러나 그것만으로 한국 고대사의 체계를 세우고 고대사를 복원하는 것은 사실상 불가능하다. 따라서『삼국유사』는 삼국시대 이전의 우리 고대사의 체계를 세우고 그 시대의 역사를 복원하는 데, 대체하기 어려운 희귀성을 가진 기록물이라고 할 수 있다.

　이렇게 서술하다 보니 마치『삼국유사』는 온통 장점뿐인 책이고,『삼국사기』는 단점뿐인 책처럼 느껴질 수도 있겠지만, 그러나 결코 그런 것은 아니다. 물론 아쉬움이 많기는 하지만,『삼국사기』는 삼국시대 역사를 자신의 사관에 따라 나름대로 충실하게 서술하였다. 다행스럽게도『삼국사기』가 지닌 한계를『삼국유사』가 적절하게 뒷받침해 주고 있는 현재 상황에서는 더욱더 그렇다. 게다가『삼국사기』가 없다면『삼국유사』도 아쉬움이 대단히 많은, 매우 부족하고도 허술한 책이 되고 말았을 것이다.

　역사에 가정이 있을 수는 없지만, 만약『삼국사기』가 없었다면 삼국시대 역사의 전체적 뼈대를 세우기가 매우 어려웠을 터다. 그리고 만약『삼국유사』가 없었다면 삼국시대 역사의 뼈대에 살을 붙이기가 매우 어려웠을 터다. 그만큼 이 두 책은 상호 의존적이고도 상호 보완적이며, 같은 사실에 대해서도 두 책을 함께 참고해야 입체적으로 이해할 수 있는 경우도 많다. 그러므로『삼국사기』와『삼국유사』가운데 어느 하나밖에 남을 수 없다면,『삼국유사』가 남아야 한다'는 육당 최남선의 언급은 발상 자체가 적절하지 못하다. 왜냐하면『삼국사기』와『삼국유사』는 반드시 둘 다 함께 남아야 할 책이고, 그럴 때 둘이 서로서로 윈윈(win, win)하면서 더욱더 빛나는 가치를 지닐 수 있는 책이기 때문이다.

참고 문헌

[저서]

고운기,『일연』, 한길사, 1997.

고운기,『일연과 삼국유사의 시대』, 월인, 2001.

고운기,『일연과 13세기』, 보리, 2021.

김봉윤,『팔만대장경과 남해』, 고려대장경판각성지보존회, 2019.

김재원·정동락,『달성의 불교문화』, 민속원, 2018.

김용섭,『한국 중세 농업사 연구』, 지식산업사, 2000.

박진태 등,『삼국유사의 종합적 연구』, 박이정, 2002.

윤용혁,『고려대몽항쟁사연구』, 일지사, 1993.

이동환,『삼국유사-번역과 해설』, 서연비람, 2023.

이종문,『인각사 삼국유사의 탄생』, 글항아리, 2010.

이종문 외,『역주 삼국유사』, https://www.samgukyusa.kr/archives/syg-item/list

이하석,『삼국유사의 현장 기행』, 문예산책, 1995.

일연학연구원,『일연과 삼국유사』, 신서원, 2007.

정우락,『삼국유사, 원시와 문명 사이』, 역락, 2012.

채상식,『일연 그의 생애와 사상』, 혜인, 2017.

채상식,『고려 후기 불교사 연구』, 일조각, 1991.

한국정신문화연구원, 『삼국유사의 종합적 검토』, 천풍인쇄주
식회사, 1987.

한기문, 『일연과 그의 시대』, 역락, 2020.

[논문]

강종훈, 「삼국유사 저술의 역사적 배경」, 『삼국유사, 기록유
산으로서의 가치』, 한국국학진흥원, 2019.

고병익, 「삼국사기에 있어서의 역사 서술」 『한국의 역사인
식」 상, 창작과 비평사, 1984.

고익진, 「삼국유사 찬술고」, 『한국사연구』 39, 1982.

김광식, 「운문사와 김사미란 -고려 중기 사원세력의 一例」, 『
한국학보』 1989

김광식, 「정안의 정림사 창건과 남해분사도감」, 『건대사학』
8, 건국대학교 사학회, 1993

김광철, 「고려 무인집권기 정안의 정치활동과 불교」, 『석당논
총』 65, 동아대학교 석당학술원, 2016.

김두진, 「일연의 생애와 저술」, 『전남사학』 19, 2002.

김두진, 「신라 의상계 화엄종의 효선쌍미 신앙」 『한국학논
총』 15, 1992.

김병헌, 「보각국존비 집자의 특성과 일연의 속성 고증」, 『한
국교수불자연합학회지』 제23권 2호, 2017.

김복순, 「삼국유사에 보이는 유교사관」, 『한국고대불교사연구』, 민족사, 2002.

김복순, 「삼국유사 '진정사 효선쌍미'조와 일연과 김부식의 효 인식」, 『신라문화제학술연구논문집』30, 동국대학교 신라문화연구소, 2009.

김상영, 「일연과 고려대장경 보판補板」, 『논문집』2, 중앙승가대학, 1993

김상현, 「삼국유사 효선편 검토」, 『동양학』30, 2000.

김상현, 「삼국유사의 서지학적 고찰」, 『삼국유사의 종합적 검토』, 한국정신문화연구원, 1987.

김상현, 「삼국유사의 연구 현황」, 『일연과 삼국유사』, 신서원, 2007.

김영수, 「조계선종曹溪禪宗에 취취就하야 - 오교양종五教兩宗의 일파一派 조선불교의 근원-」, 『진단학보』9호, 1938.

김영태, 「삼국유사에 보이는 일연의 역사인식에 대하여」, 『한국의 역사인식』상, 창작과 비평사, 1984.

김철준, 「고려중기 문화의식과 사학의 성격」, 『한국의 역사인식』상, 창작과 비평사, 1984.

남동신, 「삼국유사의 성립사 연구 - 기이를 중심으로」, 『한국사상사학』61집, 한국사상사학회, 2019.

남동신, 「대성효이세부모大成孝二世父母 조에 보이는 효와 선善」, 《신라문화제학술논문집》 30, 동국대학교 신라 문화연구소, 2009.

노중국, 「일연스님과 삼국유사: 삼국유사의 서지를 중심으로」, 『삼국유사 유네스코 세계기록유산 등재 추진 국제학술대회』 발표 요지, 경북대학교 영남문화연구원, 2024.

도명섭, 「우리가 몰랐던 일연과 삼국유사」, 『세계환단학회지』 9권 1호, 세계환단학회, 2022.

민병하, 「삼국유사에 나타난 효선사상孝善思想」, 『인문과학』 3. 4, 성균관대학교, 1975.

민영규, 「일연과 진존숙陳尊宿」, 『학림』 5, 1983.

민영규, 「일연 중편重編 조동오위서曹洞五位序」, 『학림』 6, 1984.

민현구, 「이장용 소고小考」, 『한국학논총』 3, 국민대 한국학연구소, 1980.

문경현, 「삼국유사 찬술의 사적 고찰-달성 비슬산 찬술처를 중심으로-」, 『신라사학보』 27, 2013.

이기백, 「삼국사기론」, 『문학과 지성』, 1976년 겨울호.

이기백, 「삼국유사의 사학사적 의의」, 『한국사학의 방향』, 일조각, 1979.

이영호, 「삼국유사 '포산이성' 조와 일연」, 『신라문화재 학술 논문집』 31, 2010.

이재호, 「삼국유사에 나타난 민족자주의식」, 『삼국유사연구 논문선1』, 백산문화원, 1986.

이종문, 「고려 전기 한문학 연구」, 고려대학교 박사학위논문, 1992.

이종문, 「삼국유사의 한문학적 가치」, 『삼국유사, 기록문학으로서의 특징과 가치』, 한국국학진흥원, 2019.

이종문, 「매모광 일연 생각」, 『고전사계』 2023년 겨울호, 한국고전번역원.

이종문, 「보각국사비명 및 보각국존비음기 역주」, 『더 커진 대구, 군위를 품은 대구』, 대구근대역사관, 2024.

이종항, 「전傳 인흥사지 3층 폐탑廢塔 이기移基에 대한 보고」, 『고병간 박사 송수기념 논총』 4, 경북대학교, 1960.

정구복, 「삼국사기 해제」, 『역주 삼국사기』 1, 한국정신문화연구원, 1996.

정구복, 「삼국유사의 사학사적 고찰」, 『삼국유사의 종합적 검토』, 한국정신문화연구원, 1987.

정병삼, 「일연선사비의 복원과 고려 승려 비문의 문도 구성」, 『한국사연구』 133, 2006.

조춘호, 「군위 일연비의 해석상의 몇 문제에 대하여」, 『대동

한문학』9집, 1997.

주보돈, 「삼국유사를 통해 본 일연의 역사인식」, 『영남학』63, 2017.

주영민, 「정안가의 남해 불사 경영」, 『고문화』85, 2015.

채상식, 「지원至元 15년 인흥사간 역대연표와 삼국유사의 찬술 기반」, 『고려사의 제문제』삼영사, 1986.

최남선, 「삼국유사 해제」, 최남선 편『삼국유사』, 서문문화사, 1999.

최연식, 「고려시대 고승의 승비僧碑와 문도」, 『한국중세사연구』35, 2013.

한기문, 「고려후기 일연 주관 인각사 구산문도회의 성격」, 『일연과 삼국유사』, 신서원, 2007.

한기문, 「고려시대 일연과 비슬산」, 『역사교육논집』63, 2017.

한예원, 「삼국유사 소재 찬시讚詩를 통해서 본 일연의 문학연구」, 『한국시가문학연구』13, 한국시가문학회, 2004.

한민족의 정체성을 만든
인물들을 통해, 삶의 지혜와
미래의 길을 연다.

고대 배달 민족의 얼인 고대 동아시아 지배자

나는 **치우천황** 이다

대동 세상을 열려는
너희 본디 마음이 나 치우다

"나는 천산산맥 넘어 해 뜨는 밝은 곳을 향해 내려와
신시 배달국을 열었다. 너도 하느님 나도 하느님, 너도 왕이고
나도 왕이니 서로서로 섬기는 대동 세상 터를 닦고 넓혀왔다.
하여 뭇 생명이 즐겁고 이롭게 어우러지는 세상을 열려는
너희 본디 마음이 곧 나일지니."
- 치우천황이 독자에게 -

이경철 지음 | 값 14,800원

근세 현모양처의 대명사인 한 여성의 삶과 꿈

나는 **사임당** 이다

많이 알려졌어도 실제
내 삶을 아는 사람은 드물구나

"나만큼 많이 알려진 인물도 없다. 그러나 나만큼 제대로
알려지지 않은 인물도 없다. 율곡의 어머니, 겨레의 어머니,
현모양처의 모범과 교육의 어머니로 많이 알려졌어도
실제 내 삶이 어떠했는지 아는 사람은 거의 없다.
나는 내 삶을 바르게 살고 싶었을 뿐이다."
- 사임당이 독자에게 -

이순원 지음 | 값 14,800원

근대 지킬 것은 굳게 지킨 성인군자 보수의 표상

나는 **퇴계** 다

'완전한 인간'을 위한
자기 단련의 길이 나 퇴계다

"나는 책이 닳도록 수백 번을 읽었다. 그랬더니 글이
차츰 눈에 뜨였다. 주자도 반복해서 독서하라고
이르지 않았던가? 다른 사람이 한 번 읽어서 알면,
나는 열 번을 읽는다. 다른 사람이 열 번 읽어서
알게 된다면, 나는 천 번을 읽었다."
- 퇴계가 독자에게 -

박상하 지음 | 값 14,800원

근대 보수의 대지 위에 뿌린 올곧은 진보의 씨앗

나는 **율곡** 이다

바꾸자는 개혁의 길
너의 생각이 나 율곡이다

"나라는 겨우 보존되고 있었으나, 슬픈 가난으로
시달리는 백성들은 온통 병이 깊어 숨이 넘어갈
지경이었다. 백척간두에 선 채 바람에
이리저리 위태롭게 흔들리고 있었다.
내가 개혁을 외치고 나선 이유다."
- 율곡이 독자에게 -

박상하 지음 | 값 14,800원

현대 모국어로 민족혼과 향토를 지켜낸 민족시인

나는 **백석** 이다

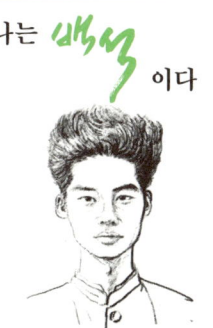

깊은 슬픔을 사랑하라

분단의 태풍 속에서 나는 망각의 시인이었다.
하지만 한국의 독자들은 다시 내 시에 영혼의 불을 지폈다.
나는 언제나 외롭고 높고 쓸쓸한 시인이다.
- 백석이 독자에게 -

이동순 지음 | 값 14,800원

현대 남북한과 동서양의 화합을 위해 헌신한 삶과 음악

나는 **윤이상** 이다

남북통일과 세계의 화합과
평화를 염원하며 작곡했다

"나는 남한과 북한, 동양과 서양, 고전과 현대의 경계에 서서
화합을 모색해 왔다. 우리 민족혼을 바탕으로 민주화와
통일을 갈망했고 세계가 전쟁과 핵 공포에서 벗어나
평화와 평등의 세상으로 나가기를 바랐다.
내 음악은 이 모든 염원의 표상이다"
- 윤이상이 독자에게 -

박선욱 지음 | 값 14,800원

근세 여성 최초 상인 재벌과 재산의 사회 환원

나는 *김만덕* 이다

가난을 돌이킬 수 없는
수치로 여겨라

어진 사람이 나랏일에 간여하다가도 절개를 위해 죽는 것이나,
선비가 바위 동굴에 은거하면서도 세상에 이름을
떨치게 되는 건, 결국 자기완성이 아니겠느냐.
여성의 몸으로 내가 상인으로 나선 이유도
이와 다르지 않다."
- 김만덕이 독자에게 -

박상하 지음 | 값 14,800원

고대 민족의 고대사를 개창한 건국 여제

나는 *소서노* 다

내가 바로 고구려, 백제를 건국한 왕이다

"나는 졸본부여의 왕재로 태어나, 추모와 함께고구려를
건국하였으며 다시 두 아들과 함께 남하하여 백제를 건국하였다.
역사서에 나를 일컬어 왕이라 하지 않았으나,
엄연히 나라를 개창하여 백성들을 위한 정치를 펼쳤으니
더 이상 나의 존재를 부정할 수 없으리라."
- 소서노가 독자에게 -

윤선미 지음 | 값 14,800원

고대 신라의 중흥을 이룬 대장군

나는 *이사부* 다

위대한 장수는 싸우지 않고 이기는 전투를 한다

전장에서 적을 베는 것보다 싸우지 않고 이기는 장수가
지혜로운 장수다. 적국의 백성도 나라를 달리하면
모두 제 나라의 백성이다. 권력을 탐하는 자는
신의를 저버리나 백성은 그저 순리에 따를 뿐이니,
현명한 장수는 백성을 살리는 전투를 한다.
- 이사부가 독자에게 -

김문주 지음 | 값 14,800원

고대 신화적인 삶을 산 한민족사의 큰 어른

나는 **해모수**다

나는 조선인이고, 부여인이며, 고구려인이다

여러분의 말 속, 정신 속에는 나의 삶이 조금씩 배어 있다.
조상이 무엇인가? 역사의 거름이 되는 게 아닌가?
어려운 시기가 오고 있네만 나를 거름으로 삼아
후손들을 위해 맑고 기름진 거름이 되게나.
- 해모수가 독자에게 -

윤명철 지음 | 값 14,800원

현대 타는 목마름으로 연 민주화와 흰 그늘의 길

나는 **김지하**다

더 나은 세상을 위해 진흙창 속에 핀 연꽃, 십자가가 되려 했다

"나는 개벽을 향한, 부활을 향한 민중의 고통에 찬
전진 속에서, 내게 주어진 진흙창 삶 속에 피우는 연꽃이
되려 꿈꿨다. 내게 주어진 십자가를 지고 민중과 함께
있기를 소망했다. 민중의 한 사람인 내가 꿈꾼 이런 소망이
어느 시대, 어느 세상에서든 좀 더 나은 세계로 건너가는
징검다리 돌 하나가 됐으면 좋겠다."
- 김지하가 독자에게 -

이경철 지음 | 값 14,800원

현대 백석 시인을 사랑했던 조선권번 기생

나는 **김자야**다

저는 백석 시인의 뜨거운 사랑을 받았습니다

그 험하고 가파른 세월을 무탈하게 살아올 수 있었던 것은
오로지 제 나이 22세 때 만나 서로 뜨겁게 사랑했던
백석 시인의 고결한 영혼 덕분입니다.
- 김자야가 독자에게 -

이동순 지음 | 값 14,800원

현대 대한민국 현대사의 격랑 속에서 소설이 된 사람

나는 다

증오는 사랑과 연민이 되고, 나는 결국 소설이 되었다

"나의 인생과 소설에 담긴 역사를 바라봐주면 좋겠다.
내 안의 '양반 의식', '아줌마 정신',
'빨갱이 트라우마'를 온전히 바라봐주면 좋겠다.
그렇게 나를 기억해주면 좋겠다."
- 박완서가 독자에게 -

이경식 지음 | 값 14,800원

중세 고려의 자주국 수호를 천명한 여걸

나는 다

자주국 고려의 위상은 내가 지킨다

"'나의 고려가 외국에 사대하는 것을 원치 않았다. 성종이
내려놓은 고려의 위상을 반드시 되돌려 놓아야 한다고
다짐했다. 그것이 태조 왕건의 유조에 따라
고려가 자주국이자 황제국으로서, 세상 그 어떤 나라도
넘보지 못할 대국으로 거듭날 수 있는 유일한 방법이라
여겼으니 이것이 내가 목종을 대신하여 섭정한 이유다."
- 천추태후가 독자에게 -

윤선미 지음 | 값 14,800원

단체 | 분야별 조선왕조 5백 년을 이끈 5대 명문가의 이야기

나는 이다

집안이 어려워도 낙담해선 안 되고 공부가 쓸모없다고 관두어서도 안 된다

딱한 처지에 놓일지라도 민망하게 여기지 않고,
귀한 신분에 올랐음에도 교만하지 않을 뿐더러,
참혹한 화를 당해도 위축되거나
운명에 흔들려선 안 된다.
- '삼한갑족'이 독자에게 -

박상하 지음 | 값 14,800원

현대 시작부터 남달랐던 삼성을 키워낸 또 다른 재(才)의 세계

나는 **이병철**이다

자본도 경험도 없이 역사 앞에서 첨단산업으로 지구촌을 지배하다

"나는 어떤 큰 자본을 갖고 시작한 게 아니었다. 별다른 기술이나
남다른 경험이 있었던 것도 아니었다. 인맥이나 학맥조차
따로 가졌던 게 아니었다. 미래는 소심하게 머뭇거리는
자의 것이 아니라 용기 있게 나서는 자의 것이라는
신념 하나만으로 세상에 내 자신을 내던졌던 것이다."
- 이병철이 독자에게 -

박상하 지음 | 값 14,800원

현대 자본도, 기술도, 경험도 없이 현대를 키워낸 신념의 세계

나는 **정주영**이다

폐허와 공허 속에서 오로지 맨주먹으로 현대를 일으켰다

"나는 물려받은 유산도, 마땅한 기술도, 변변한 경험조차 없이,
한 치 앞을 내다보기 어려운 역사의 격랑 속으로 뛰어들지 않으면
안 되었다. 거기에다 선발 자본이나 기업에 비하면 턱없이
뒤늦은 출발이 아닐 수 없었다. 젊은 날의 나는 그저 이름 없는
무명의 선수로 어렵사리 출발 선상에 등장할 수 있었을 따름이다."
- 정주영이 독자에게 -

박상하 지음 | 값 14,800원

중세 통일 왕조의 군주로 우뚝 선 온건한 지도자

나는 **왕건**이다

10세기 한반도의 분열을 딛고 통일국가 고려를 개국한 창업 군주

"나는 후삼국 통일을 위한 최후의 전쟁에서 승리한 뒤 고려를
건국했다. 고구려 계승 의지를 선포하며 북방정책을 펼쳤고
백성들의 구휼에도 힘썼다. 발해 유민들을 끌어안고 지방 호족들을
통합하여 민족의 융합과 동질성 회복을 위해 최선을 다했다."
- 왕건이 독자에게 -

박선욱 지음 | 값 14,800원